ENTERPRISE
EVOLUTION
IN DIGITAL TRANSFORMATION

王兴山 著

数字化转型中的
企业进化

電子工業出版社
Publishing House of Electronics Industry
北京 · BEIJING

内容简介

本书深入探讨云计算、大数据、物联网、5G、人工智能环境下，企业数字化转型的趋势、方向、手段、演进路径等方法体系；并结合龙头企业实践案例，阐述传统企业如何根据不同行业特性、不同发展阶段选取数字化转型突破口，以及如何进行信息系统规划。聚焦“云+数+AI”，从理论、实践双维度勾勒企业进化的方法和途径，为读者带来启迪。

本书适合 CEO、CIO、CFO 等企业高级管理人员及中层管理人员，以及对数字化转型感兴趣的师生及社会人员阅读。

图书在版编目（CIP）数据

数字化转型中的企业进化 / 王兴山著. —北京：电子工业出版社，2019.9
ISBN 978-7-121-36959-9

Ⅰ. ①数⋯ Ⅱ. ①王⋯ Ⅲ. ①数字技术－应用－企业管理－研究
Ⅳ. ①F272.7

中国版本图书馆 CIP 数据核字（2019）第 128622 号

责任编辑：石会敏
印　　刷：三河市鑫金马印装有限公司
装　　订：三河市鑫金马印装有限公司
出版发行：电子工业出版社
　　　　　北京市海淀区万寿路 173 信箱　邮编：100036
开　　本：787×1 092　1/16　印张：15.5　字数：148.8 千字
版　　次：2019 年 9 月第 1 版
印　　次：2019 年10月第 2 次印刷
定　　价：49.00 元

凡所购买电子工业出版社图书有缺损问题，请向购买书店调换。若书店售缺，请与本社发行部联系，联系及邮购电话：（010）88254888，88258888。

质量投诉请发邮件至 zlts@phei.com.cn，盗版侵权举报请发邮件至 dbqq@phei.com.cn。

本书咨询联系方式：（010）88254537。

推荐序 一

当前，新一代信息技术日新月异，快速迭代。各种新技术从业者都在追求风口，期盼自己能追上风口，或者成为行业造风者。从产业角度来看，技术的发展推动产业形态逐渐升维。在新一代信息技术产生之前，以制造业为代表的传统产业推动中国成为世界制造业大国；互联网的兴起开始对传统产业进行颠覆，甚至推倒重建，催生互联网经济；云计算、大数据、AI、5G等新一代信息技术的出现，推动智慧产业、智能产业等应运而生，人类社会从信息时代正式进入智能时代，从传统IT转型到新IT。在智能时代，各行各业都面临转型，催生蓬勃发展的数字经济，数字经济可见的未来就是“云+数+AI”。云是新型生产力，数据是新型生产资料，而人工智能（AI）成为新型生产工具。云数智的快速融合，将有力推动数字经济的发展。

企业作为数字经济发展的重要承担者，在经济发展环境日益复杂，客户需求多样易变，组织甚至产业边界被打破的环境下，亟需通过数字化转型提高核心竞争力，化解不确定性提高带来的挑战。数字化转型的过程中，企业乃至产业的业务模式呈现出三个变化：从卖产品到卖服务，从以产品为中心到以客户为中心，从单一线下到线上线下结合实现实时数据服务，客户体验和客户运营更加重要。同时，“平台+生态”成为产业主流模式，大企业建平台，中小企业上云上平台成为共识。数字化转型的热潮推动产业升级，将催生以新链接、新生态、新运营商为特征的新型互联网企业。

近年来，浪潮从领先的软硬件综合解决方案提供商向云计算、大数据服务商转型，企业规模快速发展，为全球 120 个国家和地区提供产品与服务。新的时代，浪潮提出了云计算战略 3.0，致力于成为领先的“云+数+AI”新型互联网企业，成为平台生态型企业。在转型的过程中，我们陆续建立了财务共享中心、人力共享中心等扁平化组织，不断推动企业平台化发展，也逐渐体会到数字化转型实则是企业“进化”的过程，主要思路是在明确数字化战略和方向基础上，联动“云”“数”“智”驱动力，实现 IT 升维、管理模式的变革及业务模式的创新，最终打造企业大脑，成就智慧企业。

浪潮服务企业信息化 30 余年，已为包括中国移动、中储粮、中国交建、潍柴动力、中通快递、韵达快递、百果园、吉祥航空等超过 100 万企业提供数字化转型服务，并打造了多个世界级样板案例。《数字化转型中的企业进化》一书结合浪潮多年的实践经验，从数字化转型的方向、数字化转型对商业模式和经营管控的作用、数字化转型的主战场、新一代企业信息化架构、智慧企业以及对未来数字化转型的展望等维度进行了全面介绍，期待它的推出能对更多的中国企业有所帮助。浪潮愿意和您一起，为企业数字化转型插上云计算、大数据等新一代信息技术的“翅膀”，让更多企业享受到数字化带来的便利和美好。

浪潮集团董事长兼 CEO

孙丕恕

推荐序 二

随着新一轮科技革命和产业变革兴起，互联网、大数据、云计算、人工智能等新兴数字技术日新月异，以数据资源为重要生产要素、以全要素数字化转型为重要推动力的数字经济正在成为全球经济发展的重要引擎。

制造业是国民经济的主体，是立国之本、兴国之器、强国之基。毋庸置疑，制造业的数字化转型是全球数字经济转型的重中之重。为此各国纷纷制订国家级制造业数字化转型的战略发展计划，其核心内容是积极发展智能制造的技术、产业和应用，实现面向智能制造的新模式、新手段和新业态。

如何推进中国的智能制造？我们认为，当前，人工智能技术正进入一个新的发展阶段，在快速发展的新信息环境、新信息/智能技术和新的社会发展目标等推动下，新一代人工智能技术已经诞生并正加速发展。正如 2017 年 7 月我国发布的《中国新一代人工智能发展规划》中指出的："新一代人工智能相关学科发展、理论建模、技术创新、软硬件升级等整体推进，正在引发链式突破，推动经济社会各领域从数字化、网络化向智能化加速跃升。因此，我们认为，要在新一代人工智能技术的引领下，基于新互联网，借助新一代智能科学技术、新制造科学技术、新信息通信科学技术与制造业的深度融合，加快我国制造业模式、手段和生态系统的重大变革。这将是发展中国制造业实现智能制造跨越发展的难得良机，是打造新国际竞争优势的必然选择。”

在新一代人工智能技术引领下的智能制造有着新的内涵。对此，我们有四点认识：

第一，新一代人工智能技术引领下的智能制造是“新互联网+云计算+大数据+人工智能+新时代”的一种数字化、网络化、云化、智能化的智能制造系统；是加快实施中国智能制造战略规划的一种具有中国特色的智能制造模式、手段和业态。

第二，新一代人工智能技术引领下的企业数字化转型是一项持续演进发展的复杂系统工程，其内容是促使新制造全系统及全生命周期活动中的人、技术/设备、管理、数据、材料、资金（六要素）及人流、技术流、管理流、数据流、物流、资金流（六流）新集成优化；其目标是实现高效、优质、节省、绿色、柔性地制造产品和服务用户，提高企业的市场竞争能力。

第三，新一代人工智能技术引领下的智能制造还是正在发展中的制造新模式、手段和业态，它的发展需要技术、应用、产业及其创新体系的持续协调发展。其发展路线应是持续坚持和发展“创新驱动”“问题导向”“技术推动”及“信息化和工业化深度融合”。其中，特别要重视将新一代人工智能技术与新制造技术、新信息通信技术和应用领域新技术深度融合来加快推进智能制造的发展。

第四，新一代人工智能技术引领下的智能制造的发展与实施还需要全国、全球的开放合作与交流，同时要充分重视各国的特色和各行业、各企业的特点。

面对新时代中智能制造的新内涵，浪潮集团在助力企业数字化转型方面走在国内同行前面，始终站在时代的转型前沿，不断迭代创新，给出数字化转型的体系、方法论与关键技术。本书作为王兴山先生和他的团队多年来深入进行数字化转型研究和实践的成果总结，无疑将为企业开展数字化转型提供有益借鉴和参考。我也期望，浪潮集团持续搭建、完善数字化转型公共服务平台，积极推动行业技术创新，助力企业进行数字化转型，促进产业生态的合作共赢，与国内同行一起为我国制造业开展数字化转型，进而实现制造强国的宏伟目标做出更大的贡献。

中国工程院院士

李伯虎

推荐序三

随着中国经济自身发展条件和外部环境的深刻变化，如何探索新的可持续的经济增长路径成了政府和企业共同关注的问题，高质量发展无疑是不二选择。从 20 世纪 70 年代末启动改革开放至今，中国经济保持了四十多年的高速度增长。但是，随着内外部环境的变化，高速度增长模式显然无法长期持续，中国经济需要尽快完成转型。谋求高质量发展，既是历史发展的必然结果，也是整个中国经济当前不得不做出的选择。对于企业这个微观个体而言，高质量发展是什么？我认为有三层内涵：第一，企业是否能为市场提供高质量的产品和服务；第二，企业是否能以高效率来提供高质量的产品和服务；第三，企业是否能持续地以高效率来提供高质量的产品和服务。

高质量发展是经济新常态下企业要实现的目标，而数字化转型是数字化时代企业发展的必经之路。近年来，大数据、云计算、人工智能等领域的新技术不断涌现，数字化正在深刻改变包括生产、分配、交换、消费在内的社会再生产的各个环节，行业边界不断被打破，商业模式不断被颠覆，企业竞争的市场和竞争的手段都被打上了鲜明的数字化标签。或许可以这样断言，数字化潮流浩浩荡荡，在对商业世界进行数字化改造的同时也将必然形成巨大的数字鸿沟，不能及时跨越鸿沟的企业或将都会被数字化潮流所淘汰。着眼未来，所有企业领导人以及社会活动的领导者都必须认真谋划数字化转型。有鉴于此，近年来，上海国家会计学院一直积极拓展与浪潮集团、阿里巴巴等优秀企业的合作，致力于通过课题研究和高质量的课程，为各类高端人才进行数字化赋能，取得了不少可喜的成果。

浪潮集团是我国著名的云计算、大数据服务商。多年来，执行总裁王兴山先生带领团队致力于推动企业数字化转型，为我国企业提供本土化的数字化转型方案，取得了丰硕的成果。在我的印象中，浪潮帮助中国交建、中储粮、中国铁塔、中国节能等企业成功实现数字化转型的实践给很多学习案例的学员带来了深刻启迪。本书是王兴山先生带领他的团队和合作伙伴们多年开拓性地从事数字化转型理论研究和实践工作的成果总结，除对财务、人力资源、营销等职能领域的数字化转型进行深入阐述外，还分析研究了智能制造、智慧企业及新一代企业的信息化架构问题，无疑可以为人们深入系统地认识和学习数字化转型、开展数字化转型实践提供十分有价值的参考。

数字化正在重新定义、改变各行各业，重塑企业管理。我相信，数据驱动理念和大数据技术与企业管理的结合，将会给现代企业经营和管理带来更多惊喜。当然，如果没有任何准备，带来的很可能只有意外和危机。

上海国家会计学院党委书记、院长

李扣庆

前　言

新技术深刻影响着各行各业，在经过了近几年的概念炒作之后，不管是企业、政府，还是信息技术服务商，都开始把数字化“落地能力”作为努力的目标。在以技术驱动创新的过程中，问题导向、价值导向成为业内共识。

近几年，我和我的同事在服务企业信息化的过程中，与企业家们交流、探讨最多的话题是：作为一家传统企业，数字化转型往哪转、如何转、转成什么样，以及数字化转型所面临的两大基础问题——企业文化如何转变和人才如何转型。围绕这些话题，浪潮集团广泛吸取各方思想和观点，结合自身服务企业信息化 30 余年的实践，提出了企业数字化转型的三个方向、不同行业的企业数字化转型路径和切入点，以及未来智慧企业的框架和模型，力争为企业的变革者、管理者在智能时代快速应对变化，并加速数字化转型提供一套相对简洁、完整的思考框架。

企业数字化转型，不仅仅是个技术问题，更是技术与管理的双轮驱动。历次工业革命都伴随着管理理论的重大突破，如：机械化、自动化时代，诞生了泰勒的科学管理；自动化、信息化时代，诞生了钱德勒的规模和范围经济理论；信息化时代，丰田的精益生产模式成为主流等。相比欧美企业和日本企业，我国企业要取得数字化转型的成功，更要重视管理理论创新和管理人才的培养，补基础管理短板，重视技术和管理的深度融合。比如，智能制造，是企业数字化转型的主战场和主要应用的大场景。如果没有扎实的基础管理，缺少标准化、规范化管理的基本功，以及管理会计的深入应用，我想，智能制造的发展是会出现问题的。

对于我国的集团型企业，如何平衡集中管控和分权激励是长期困扰管理层的一个问题。在数字化环境中，企业运用数字化技术，构建新管控平台，加快组织的变革、流程的重塑，推动组织扁平化、企业平台化、管理可视化；同时，基于大数据实现新一代集团管控的集中、共享、服务、精准、智能，破解集中集权和授权激励。因此，对于企业管理者来讲，集团运营管控模式的转型升级，首先要拥抱数字技术，但如何成功地运用数字技术实现数字化转型，对企业管理者的水平和能力，无疑是一大挑战。

大数据时代，“一把手看不到数”的问题更为突出，不能“在数据海洋中渴死”是对大数据的期待。数字化企业、智慧企业是数字化转型的目标，数据是关键资产，数据的采集、加工、利用、治理是数字化转型的主线。但不容忽视的是，企业内部的信息孤岛、数据的互联互通依然是企业数字化转型所面临的一大痛点，企业的数据集成还有大量工作要做。

值得欣喜的是，云作为数字化、智能化时代的基础设施已经成熟。“上云”是企业数字化转型的重要途径，物联网是大数据的主要来源，未来，物联网和 ERP 的结合将释放出巨大潜力。

本书以数字化转型为主线，从商业、技术和管理等多个层面进行了探讨，成书过程中浪潮集团孙丕恕董事长给予了很多指导，魏代森、杨良、刘成明、王腾江、张新亮及公司各产品部、事业部同事给予了很多协助和支持；书稿拿给一些数字化转型方面的专家，大家也提出了诸多宝贵意见，在此一并表达谢意。

书中不足之处，恳请同行专家、广大读者批评指正。

王兴山

2019 年 7 月 1 日

目　录

第 1 章

企业数字化转型势不可挡

1.1　数字经济时代已经来临

“这是一个最好的时代，也是一个最坏的时代”，英国文学家狄更斯这样描述工业革命发生后的时代。如今，云计算、大数据、物联网、5G、人工智能、区块链等信息技术快速迭代，以互联网、计算机为代表的“云-网-端”深入我们的生活，并使我们的生活更便捷，同时给商业社会带来了颠覆式变革，数字经济时代已经来临。

1.1.1　数字经济的本质在于信息化

所谓数字经济，是指在一个经济系统，数字技术被广泛使用并由此带来了整个经济环境和经济活动的根本变化。简单地讲，就是采用数字技术进行经济活动的经济系统。它以数字技术为标志和驱动力，以现代信息网络作为重要载体，以数字化的知识和信息作为关键生产要素，进而提升传统工业经济效率，构建智慧型数字经济新业态。

由此可见，数字经济的本质在于信息化，也就是由计算机与互联网等生产工具的革命所带来的工业经济向信息经济的转型。这是目前业界的普遍看法。互联网，特别是移动互联网的发展，以及近年来大数据、人工智能、虚拟现实所代表的新一轮信息技术是数字经济的根本支撑点。这也再次表明，对信息技术和信息化的投入，是数字经济的发展前提和重要动力。

由于IT技术的强力加持，数字经济呈现出数字化、网络化、全球化、知识化、智能化的显性特征。同时，由于协同共享正在成为趋势，因此未来的数字经济还将不可避免地具有开源化的特点。

数字经济作为公认的传统工业经济改革转型的方向，互联网、大数据、人工智能和实体经济的深度融合是其现阶段的独有特征。

> 数字经济已成为中国经济转型升级的重要驱动力。

数字经济并非是个新概念，之前我们所说的网络经济、信息经济等可以看作是数字经济的雏形。自从1994年正式接入国际互联网开始，中国进入互联网时代，信息化基础设施日益健全，数字经济开始萌芽；随着个人电子商务和自媒体的发展，以消费互联网为代表的数字经济逐渐成熟；而《国务院关于积极推进“互联网+”行动的指导意见》的出台，以及各部委相关政策的井喷式增加，使中国互联网发展的重心由消费互联网转向工业互联网，数字经济逐步上升到国家战略高度。

2017年10月，党的十九大报告在总结中国经济建设重大成就时充分肯定了数字经济等新兴产业对经济结构优化的深远影响，这也是“数字经济”一词首次出现在政府工作报告中。习近平总书记在中共中央政治局第二次集体学习时明确指出，要加快发展数字经济，推动实体经济和数字经济融合发展，推动互联网、大数据、人工智能同实体经济深度融合。而在G20杭州峰会上，“数字经济”首次被列为G20创新增长蓝图的重要议题，并由中国主导通过了第一个具有全球意义的数字经济合作倡议。

数字经济作为一种新的经济形态，经过 20 多年的发展，已经在规模和创新模式上实现了飞跃，成为中国经济转型升级的重要驱动力，也是新一轮全球产业竞争的制高点。由中国信息化百人会发布的《中国数字经济报告》显示，2016 年中国数字经济规模已达到 22.4 万亿元人民币，占 GDP 比重达 30.1%；而在 2017 年，这一数据已经分别达到 27.2 万亿元和 32.9%。IDC 研究结果显示，到 2021 年，全球数字经济的比重将超过 50%，中国数字经济的比重将超过 55%。

1.1.2 数字化转型席卷各行各业

数字经济已成为市场热点，而企业的数字化转型是数字经济的基础。随着云计算、大数据、人工智能、物联网、5G、量子计算等数字技术方兴未艾，数字化转型是企业顺应社会变革、落实国家战略、提升竞争能力的必然选择，并将成为所有企业未来 10 年的主旋律。

> 企业数字化转型的浪潮已经到来。不同行业的数字化转型的路径和速度不同。

企业数字化转型的浪潮已经到来。有关数据显示，截至 2017 年，已有 50%以上的中国 Top1000 大企业把数字化转型作为企业的战略核心。Gartner 预测，到 2020 年，大部分企业 75%的业务将是数字化的，或正走在数字化转型的路上。然而，不同行业的数字化转型的路径和速度不同，媒体、零售、金融服务行业处于数字化转型的旋涡中心，其次是快消品与制造、建筑、制药等行业（如图 1-1 所示）。以下重点列示几个行业的发展情况。

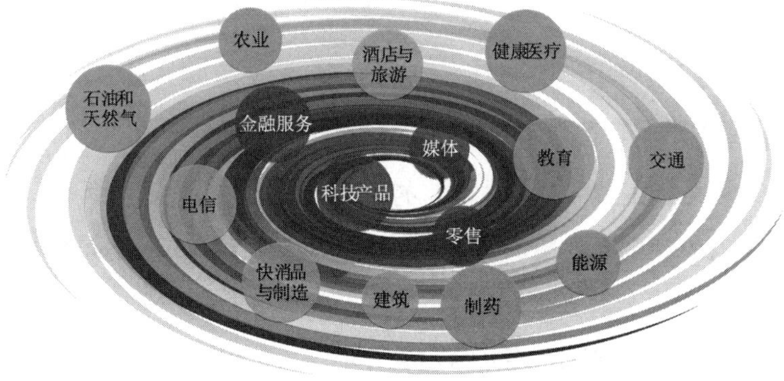

图 1-1 数字旋涡

1. 零售行业

零售行业是与消费者直接交互的终端，今天的消费者发生了很大的变化，科技进步和消费升级成为推动零售行业变革的两大主要力量。数字化帮助零售业渠道实现了线上线下的全面融合，以及产品全生命周期的信息透明化。消费者对产品的价值期望、购买方式、购买体验等与时俱进地提出了新的要求。大数据、物联网、云计算、人工智能、无人支付正在将零售业推向数字化、智能化的新零售阶段。

综合来看，目前中国零售市场中有 57%的零售销售受到数字化的影响，零售企业的数字化能力将成为企业未来成功与否的决定性因素之一。新零售商业模式、数字化转型实现了客户的全方位连接，也可以帮助零售企业基于客户大数据、零售新平台实现平台化、生态化、社交化的全新商业模式。

零售企业必须把握数字化转型契机，通过大数据全方位感知、勾勒客户画像，场景化感知客户需求，打造数字化客户体验；通过 O2O 连接线上线下，实时响应，锁定客户，健全数字化渠道建设；优化供应链、支付结算体系，实现透明、智能的运营体系，打造数字化运营竞争优势，优化数据化运营体系。

【案例】传统零售巨头沃尔玛整合线上线下资源，推出在线下单、线下门店取货的服务，让每一家实体店能够与消费者进行互动，并享受个性化的优惠、促销等服务，从而提高了用户的购买舒适性和便利性。在沃尔玛 App 中，消费者可以使用语音输入想要找的商品，App 会为消费者推荐相关的品牌和产品。由于商品清单已经与实体店地图打通，在确定产品后，App 会引导消费者前往产品货架，每件商品可以精准定位到货架上四英尺（1 英尺=0. 3048 米）宽的区域。沃尔玛将消费者购物数据整合到 App 中，以便顾客可以查看在线和在实体店内购买的商品，还可以扫描纸质收据进行退换货处理。为货架补货、查找并将放错位置的产品重新归位，以及跟踪库存水平，这些对零售企业来说最耗时的工作也在由机器人完成。

2. 金融服务行业

近几年，以移动互联网、大数据等新技术为核心竞争力的金融科技公司日渐崛起，传统银行业开展数字化转型的紧迫感逐日递增。传统银行业主要面临以下挑战：一是随着互联网应用的不断深化，客户行为模式已经发生了根本性的变化，新的客户行为模式对银行业提出了随时随地、知我所需、量身定制的新需求；二是新进入者正在不断地蚕食银行价值链，在资产业务、负债业务和中间业务三方面拆分传统上由银行提供的一揽子服务。在这种情况下，借助数字技术重构用户体验、商业流程、产品与服务以及商业模式，进而实现转型、创新、增长，已经成为传统银行业实现数字化转型的核心所在。

【案例】招商银行正在基于云计算和大数据等领先的数字技术进行敏捷创新，强化内部以人为中心的数据整合，以支持向更加实时、按需、全在线、服务自助和社交化的客户极致体验的未来目标迈进；农业银行通过挖掘和分析客户大数据，完善客户画像和统一视图，丰富客户立体维度标签，精准地把握客户多样化、个性化金融需求，线下网点主动获客和线上渠道批量获客能力持续提升；建设银行运用互联网开放思维，坚持移动优先策略，加强金融科技应用，推动产品和服务快速更新迭代，渠道服务能力全面增强，向“在手机上经营银行”转型。

3. 制造行业

经过几十年的快速发展，我国制造业规模跃居世界第一位，并逐步建立起门类齐全、独立完整的制造体系，但与先进国家相比，管理仍然较为粗放，标准化、规范化管理基础还比较薄弱，经营管理人才队伍和信息化水平还不高，内部系统集成很好的还不多，处于“2.0 普及、3.0 补课”的状态，精益管理再次被极大推动。目前，对于大多数企业生产车间，企业在购买设备时没有要求开放数据接口，大部分设备还不能自动采集数据，无法实现车间联网；同时，运营执行层由于缺乏信息系统支撑，生产过程还难以实现全程追溯，与生产管理息息相关的制造 BOM 数据、工时数据也不准确，导致指令下不去，反馈数据上不来，生产车间还是一个黑箱，造成设备利用率不高，常常由于设备故障造成非计划性停机，影响生产。实现透明化生产，提高设备的综合利用率，合理安排生产，解决企业信息孤岛现象都是目前工业企业数字化转型的主要需求。如何高效率、低成本地获取快速变化的数据资源，并通过在网络组织中建立信息沟通机制来完成敏捷生产与协同供给，将会成为传统工业企业面临的严峻挑战。推动智能制造快速发展，加速制造企业转型升级，对我国构建新型制造体系、培育经济增长新动能、实现制造强国具有重要意义。

【案例】浙江伟星股份有限公司（简称“伟星股份”）是全球最大的服装辅料生产企业之一，属于典型的离散制造型企业，近几年它致力于打造“智慧工厂”，实现 16 个车间基于网络订单的自动化排产，解决了人工排产方式存在的诸多弊端。“智慧工厂”会从企业资源状况、产品工艺路线及客户订单需求等多个纬度综合分析，通过数据建模、自动排程得出各工序的交期，下达至 MES 系统，并且在关键工序实施设备联网，实现 MES 系统与 APS 系统无缝对接，机台可直接从 MES 系统中加载生产任务，并实时自动上报机台运营的各项数据，在生产控制、进度跟踪、工艺管理、质量事故等方面全方位实时归集数据，实现生产流程可视化。

在打造智能物流方面，伟星股份规划与部署了智能仓储与现场物料自动拣选与传输项目方案。该规划一期项目以金属分厂为试点，现场布局堆垛机，与 ERP、APS、MES 各系统无缝集成，实现集“物料自动存储”“物料自动拣选”“物流自动传输”“柔性、敏捷生产”“限额领料”于一体的智能化物料配送系统。

4. 建筑行业

建筑行业作为中国传统的支柱产业之一，为我国国民经济的高速发展做出了巨大的贡献，国内基础设施日臻完善。随着经济发展与改革的不断深化，企业均面临产业转型升级。在充分市场竞争的环境中，建筑企业也愈发意识到粗放式管理和单一业务已经无法满足可持续、健康发展的需要，在云计算、大数据、智能化等新技术集中涌现的大背景下，精细、智能、跨界延伸成为企业做大做强的支撑力。跨入数字经济时代，建筑企业逐步迈向扁平化、平台化、生态化，借助数字化转型进化企业管理，实现 IT 升维、管理模式变革、业务模式创新势在必行。

推动建筑行业数字化转型和变革，主要是通过信息化手段，借助当前先进的云计算、虚拟化、大数据、移动互联网等技术，实现企业管理上云，进行企业管理数字化转型。从工程项目的设计、生产、采购、施工、运维等全生命周期的各个环节进行革新，打通端到端的业务流程，实现业务与财务的融合，并借助大数据，形成企业内部大数据分析库，为企业决策提供支持，提高资源配置能力和使用效率，提升企业核心竞争力。

【案例】作为特大型基础设施综合服务商的中国交通建设集团有限公司（简称“中国交建”），近年来的高速发展，给财务管理带来了越来越大的困难，财务管控风险也越来越高。为进一步解决规模扩大带来的财务标准不一致、管控难度大等难题，中国交建在财务管理模式上进行新的探索，采用管控服务型财务共享解决方案，建设财务共享云，实现了财务精细管控，推动了财务管理转型，使财务人员真正融入业务过程管理与战略决策管控过程中，同时建设了灵活高效的柔性管理组织，真正实现了业财深度融合，提升了集团资源的整体价值，提高了集团化运作效率和效益。

1.2　新 IT 加持数字化转型

数字经济时代，以云计算、大数据、物联网、5G、人工智能、区块链等为代表的数字技术不断涌现，正在重新为企业的资产、设备、组织和人员赋能，催生新产业、新业态、新模式，推动消费互联网走向产业互联网。Gartner 公布了 2019 年十大战略科技发展趋势（如图 1-2 所示），并提出多种趋势的组合效应将产生新的机会并推动新的颠覆浪潮，比如人工智能（AI）与物联网、边缘计算与数字孪生一起使用，可提供高度集成的智能空间。数字化转型需要依靠数字技术来实现，各行各业都需要积极拥抱新技术，构建新型云化和服务化架构体系，重视数据，把数据/AI作为核心能力，适时引入物联网、区块链等技术，将新技术与管理运营深度融合，为企业创造新的竞争优势。

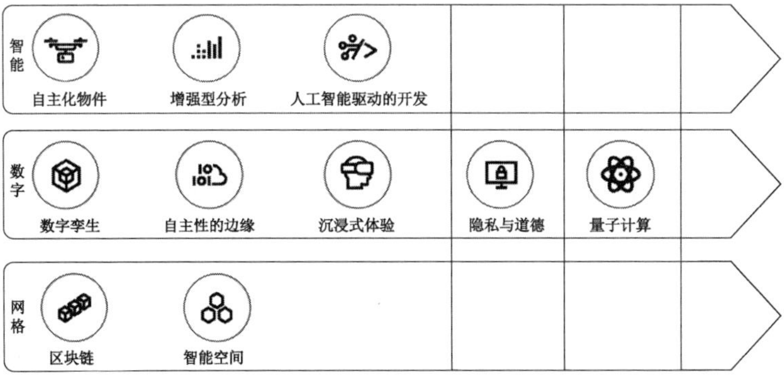

图 1-2 Gartner 公布的 2019 年十大战略科技发展趋势

数字化转型的实现路径由“业务上云、数据整合、应用创新”三步构成。其中，云是承载环境，全面支撑企业运营的资源架构、数据架构和应用架构，颠覆了传统的 IT 模式，为企业带来更经济、更灵活并可无限扩展的数字化平台。同时，云也是大数据、物联网、人工智能等其他数字技术的支撑，推动业务上云是数字化转型的重要途径。借助上云，可以实现与客户、供应商的广泛连接，将企业流程由内部延伸到整个产业链，建立更全面的端到端流程，加速业财融合，推动业务创新，实现敏捷、灵活管理，降低 IT 成本，以提高企业在新常态下的发展动力和竞争力。企业上云应以应用优先，与具体的信息化应用相结合，诸如财务、人力、采购、营销等。

物联网是企业实现对设备、物质进行数字化赋能的关键技术。企业通过上云实现了全连接，物联网在连接的前提下作为端，实现数据的收发，再加上 5G、低功耗广域网等基础设施的加速构建，数以万亿计的新设备将接入网络并产生海量数据，达成企业内外物理资产的互联互通，实现对终端设备和资产“管、控、营”的一体化，为大数据分析和人工智能等提供数据基础。当前，物联网的演进正从物物连接发展到泛在感知、认知计算、预测分析，物联网持续创新并与产业融合，推动传统产品、设备、流程、服务向数字化、网络化、智能化发展，加速重构产业发展的新体系，在各行业数字化变革中的赋能作用已非常明显，工业物联网平台正在成为新旧动能转换时关注的焦点。

云和物联网的快速发展，数据实现整合与互联互通，以及企业大数据的加速形成，已成为企业的核心资产。大数据贯穿产业链始终，是未来发展的主题，要重视数据规划、数据治理和数据的深度挖掘与利用，挖掘数据价值是加速企业数字化转型的重要驱动力。当前，数据的标准化、规范化，业务和财务的一体化是构建和运用大数据的挑战，企业应重视基础管理，以价值为导向，充分利用管理会计这一工具，加强数据、模型、算法等各方面的能力，实现数据和管理的智能化。基于大数据的商业模式创新已经随处可见，未来所有进行数字化转型的企业都需要建立大数据存储、处理和分析平台，率先建立大数据平台的公司将获得明显的智能化领先优势。

人工智能与大数据是同生同长的有机整体，大数据催生了人工智能，是推动人工智能增长的关键因素，是人工智能的基础；人工智能在数据的基础上诞生，可以提高数据的收集速度和数据的质量，推动大数据产业的发展。人工智能应用在企业服务领域，主要是应用创新的强化和体现，推动了智能化产品的发展，实现了企业智能化管理、多维度分析、可视化运营。“AI+大数据+云计算”的组合将驱动企业运营模式再创新，推动企业走向智能化，为企业数字化转型再添新动能，构建智慧企业。

1.3 企业数字化转型的三个方向

在世界互联网大会上发布的《中国互联网发展报告 2018》显示，2017 年数字经济总量达 27.2 万亿元，数字经济对 GDP 的增长贡献率达 55%。企业作为社会经济发展的重要推动者、数字经济的重要贡献者，取得了高度发展。最新的《财富》世界 500 强显示，中国上榜公司已达到 120 家，非常接近美国（126 家），远超第三位的日本（52 家）。埃森哲报告曾指出，到 2020 年，至少 55%的企业将是数字化坚定者，以新型业务模式及数字化产品和服务重塑格局；然而目前只有 7%的中国企业转型成效显著，虽然

> 企业数字化转型有三个方向：重塑客户体验，运营数字化、智能化，颠覆性创新。

各行业都有领军者，但行业数字化转型尚处初级阶段（如图 1-3 所示）。为此，数字化转型向哪里转成为众多传统产业企业家焦虑和关心的问题。浪潮总结服务企业 30 余年的实践和体会，认为企业数字化转型有三个方向：重塑客户体验，运营数字化、智能化，颠覆性创新（如图 1-4 所示）。

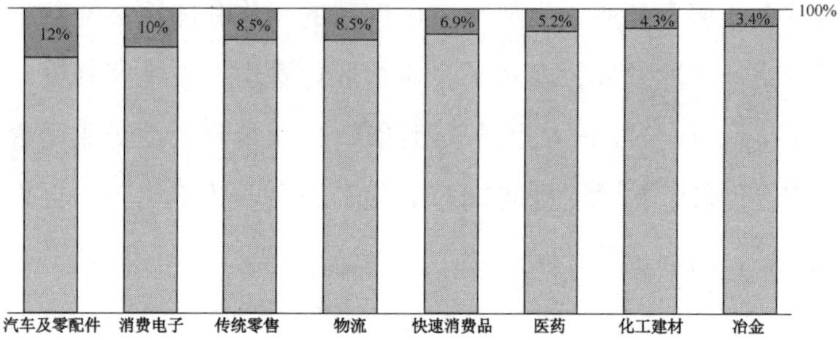

图 1-3　各行业数字化转型领军者分布

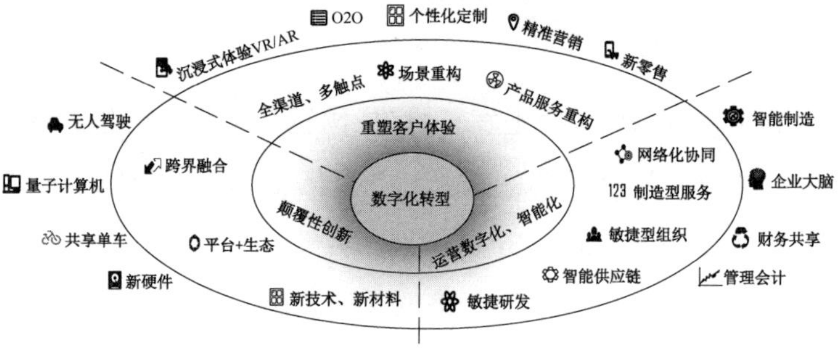

图 1-4　企业数字化转型的三个方向

对于大多数企业来讲，实施数字化转型首先是从客户体验开始的，即通过 IT 技术为用户打造线上线下相结合的覆盖商品选择、体验、选配、配送、用户使用习惯、预测性维修等全过程的数字化，以改善客户的体验。接下来，企业通常会在业务流程的改进方面实施数字化转型，基于新的 IT 技术推动组织扁平化，实施阿米巴等，并将公司的财务、法务、IT、采购等进行共享化改造，为各个动态的业务单元提供支撑，从而提高企业运营效率。数字化转型的高级阶段是颠覆性创新。在这个阶段，行业的界限变得模糊了，领先的企业开始进行跨界竞争、非对称性拓展业务，当然转型不是转行，传统企业转型仍然应该专注于自己的行业。

1.3.1 重塑客户体验

数字化转型的过程，就是新一代互联网技术对产业、对企业进行数字化赋能的过程，是客户的数字化体验与产品及服务的数字化价值接触融合的过程。现在传统产业的客户体验已经被互联网公司搞得喘不过气，互联网公司把客户体验提高到了前所未有的高度，并且形成了竞争的门槛，传统产业必须在全渠道、多触点，包括我们生活的场景重构和产品、服务的重构方面，重塑客户体验。不仅要留住客户，而且要取悦客户，这是传统产业应该向互联网公司学习的。

1. 数字经济时代，体验为王

客户体验这个词最早被广泛认知是在 20 世纪 90 年代中期，由客户体验设计师唐纳德·诺曼（Donald Norman）所提出和推广的。ISO 9241-210 标准对其的定义为“人们对于使用或期望使用的产品、系统或者服务的认知印象和回应，即客户在使用一个产品或系统之前、使用期间和使用之后的全部感受，包括情感、信仰、喜好、认知印象、生理和心理反应、行为和成就等各个方面”。

数字经济时代，随着云计算、大数据、互联网、移动互联网、物联网、人工智能等数字技术的运用，消费者的数字化体验期望前所未有地被激发出来。企业也逐渐由以产品为中心转向以客户为中心，企业对客户体验越来越重视，客户体验是产品的“终极竞争力”；企业渴望通过数字化转型，优化客户洞察，建立动态的客户画像，基于实时的大数据把握个性化客户体验，创新产品交付和服务模式，通过个性化制造模式（Customer-to-Manufacturer，C2M）、个性化交易模式（Customer-to-Business，C2B）更好地满足客户需求，数字化客户体验正在成为行业数字化升级的核心驱动力（如图 1-5 所示）。

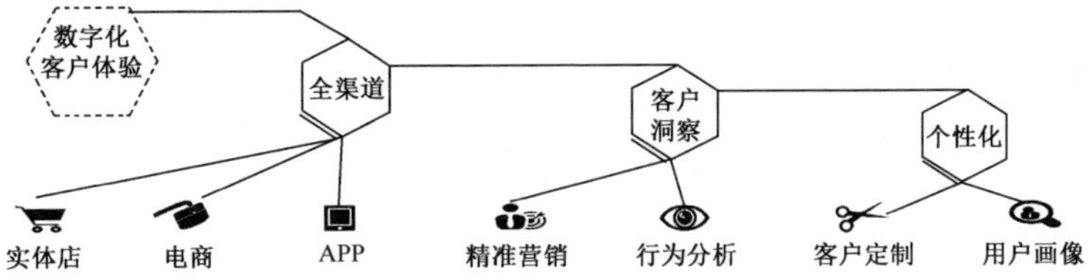

图 1-5　全渠道、多触点的客户体验

客户体验的优劣决定着企业的生命力。要满足客户不断变化的需求，企业就必须打造一种以客户为导向的新业务体验，和客户保持长期密切的联系。然而，许多企业与客户的互动却过早地结束于产品销售完成的时刻，即使提供后续服务，也常常跟不上客户需求的变化节奏。

数字化赋予企业与客户持续交互的能力，使企业对客户的服务不再止步于产品销售的完成。借助大数据分析，企业得以不断积累客户洞察，为不断提升客户体验打下基础，这正是数字领军者的领先之处。对比数字领军者与数字实践者，后者尽管也努力借助数字技术加强与消费者的沟通，却集中于售前与产品销售的过程当中。数据显示，数字领军者在售后阶段也不忘与消费者的联系，借助数字技术持续收集消费者反馈并回馈到研发运营环节，而数字实践者在这方面要落后31%。

未来，人机交互（HCI）技术将渗透到人类活动的几乎所有领域。IDC预计，到2020年，至少15%的企业标准客户体验将由算法处理，因为企业将从人对人转向机器对人的参与和交易。到2020年，40%的领先品牌将为他们的客户提供持续的数字客户体验，这种体验将跨越商店内外，这些品牌将通过移动用户可见的增强数字特性来强化其实体产品和位置信息。为此，建立全方位客户体验，通过创建交互式体验，不断吸引和提高客户、合作伙伴的忠诚度，是企业在这个体验为王的时代必不可少的能力，也是大多数企业数字化转型的优先突破领域，尤其是零售业、个人消费品行业。

2. 打造全渠道、多触点客户体验的关键要素

IDC 调查显示，超凡客户体验应具备三大要素：一是面对客户的人员有积极性、有能力、友好；二是跨多种渠道与用户交互与展示；三是跨渠道一致性的体验。

随着企业在各种渠道与客户触点的增加，没有协调一致的渠道和客户触点将会导致消费者感受下降。相关数据显示，75%的消费者并不满意目前的消费体验。主要原因是来自于不同渠道的消费体验没有一致性与互联性。比如，营销信息的不一致：消费者收到特定品类的促销邮件信息，而实体店面人员表示不知道该营销活动；定价的不一致：相同的产品在线下与线上标示的价格不同；服务的不一致：在线商城的交易规则表示消费者可在实体店铺进行退换货，但零售店的工作人员表示无此服务。

企业应如何顺应信息化的趋势，提供一致性的全渠道体验？这就需要通过数字化手段将相关渠道的不同职能进行无缝衔接，将从不同触点搜集到的消费信息充分整合，为用户提供高度关联的全渠道体验。未来，高度关联的全渠道体验将大幅度提升消费者满意度，并成为企业的竞争优势。

【案例】鲁花集团：全渠道客户互动与商务管理的数字化

山东鲁花集团有限公司（简称“鲁花集团”）是一家大型的民营企业、国家重点龙头企业，通过搭建数字决策管控云平台，推动业财融合、加速数据贯通，创新数字营销方式，实现了2300多家经销商的线上管理，有效支持了高层多维度决策（如图1-6所示）。

一是连接消费者：通过电商平台，打通与消费者的最后一公里，消费者可以直接进行网上下单、结算，集团能全面掌握消费者数据，如消费群体、年龄、爱好、购买频率等信息，为新产品的研发和设计、物流、营销等提供支撑，为消费者提供个性化促销活动和提醒等。

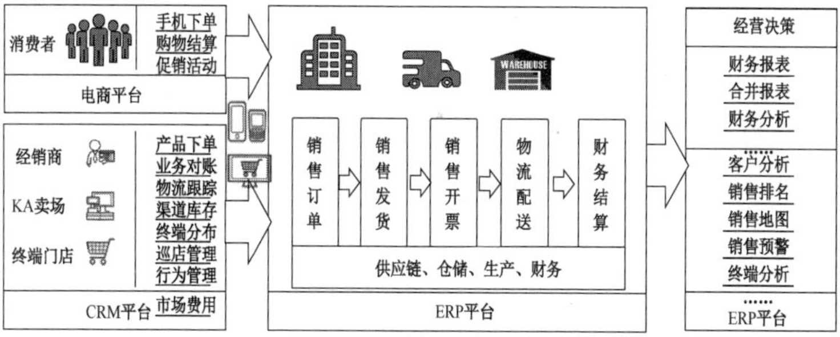

图 1-6　鲁花集团全渠道营销

二是连接渠道：通过 CRM 平台，打通与渠道的信息通道，由销售向服务转型。鲁花集团扁平化管理到县级经销商，利用公共大数据，以县的人口数、GDP、面积等指标评估应发展经销商的数量和终端门店数量，并作为考核分公司和经销商的重要依据；通过手机签到，直接定位位置，并通过手机定位搜寻到附近的门店，便于安排巡店；巡店管理，利用手机拍照，直接上传现场照片，及时掌握业务员的行为，经销商和门店的促销活动、堆头陈列等；渠道可以通过 CRM 实现下单、结算、库存、费用、行为等业务处理，及时了解业务进展情况，与鲁花集团形成互动营销。

三是通过整合消费者与渠道数据，公司建立了相应的大数据分析平台，一方面通过前后台业务打通，直接形成公司财务分析数据；另一方面，借助大数据分析，为鲁花集团提供经营决策和考核依据。

1.3.2 运营数字化与智能化

虽然现在很少说降本增效，但我们能够感受到互联网公司在物流、配送、供应链方面的反应速度之快，是传统企业没办法比的。为什么呢？因为传统的企业后台运营管理的效率还远远不够，并且管理的层级非常多。互联网公司也好，传统企业也好，作为对标或学习的榜样，组织应该是敏捷的、扁平化的，流程应该是精简的，越简单越好，现在太复杂了。传统企业转型应该向互联网公司学习的地方，就是推动企业运营管理的数字化转型，这也是传统企业转型的重点。

1. 数字化运营是企业数字化转型最为重要的挑战

现实中的企业运营状况呈现出三大特点。一是分析报告静态化。业务部门呈现的分析报告以静态报表为主，当管理人员从报表数据中发现经营问题时，想要切换分析角度进一步查明原因，则需要等待 IT 人员制作新的数据报表，而不能直接在原报告中做交互式的探索性分析。二是工具系统碎片化。IT 部门的数据抽取工具、计算引擎、BI 报表系统等，每一个都是不同厂商的产品，产品之间存在集成成本，导致效率以及高级需求受限，报表利用效率也受限，随着大数据时代的到来，对于更多类型的数据也慢慢无法适应。三是 IT 资源瓶颈化。需求方，即业务部门的人数占 90%，而服务提供方，即 IT 部门仅占 10%。IT 资源完全不能满足业务需求的提出速度，需求实现以周和月为单位。实际情况是 IT 部门忙得团团转，业务部门急得团团转。

当前，我国企业的数字化运营现状与预期存在较大差距，企业高管应该意识到企业的数字化转型核心是通过创新发展，通过智能运营不断降低成本、提高效率。麦肯锡报告显示，如果一个企业把 20 个核心流程数字化了，成本就能降低 80%～90%。

“互联网+”时代，企业生产经营中面临的问题，就是企业数字化转型的目标。数字化运营是企业数字化转型最为重要的挑战，传统的信息化孤岛在数字化时代成为新的障碍。数字化运营的核心需求体现在通过高度集成的数字化管理平台所建立的数字化营销、数字化研发、数字化生产、数字化服务流程，建立横向集成、纵向集成、端到端数字化的全新营销体系，并基于互联网、云计算建立可视化的生产指挥平台、柔性生产控制平台、开放产业协同平台。工业互联网平台、智能工厂、智能设备，包括机器人流程自动化（RPA）等作为数字化的基础，在企业内部得到前所有未有的重视。基于新的数字化运营环境，ERP 升级换代正在加快，企业正在重新构建基于云计算、大数据的全新运营模式。

2. 新技术推动企业运营数字化、智能化

“过去十年，以大数据、物联网、人工智能和云计算为代表的数字技术引发了第四次工业革命，企业资源调配也正从

"应用流程驱动"，转化为"数据驱动"，国家在大力推动智能制造落地，为企业运营带来革命性变化。

（1）大数据激发高层信息化需求

大数据战略、"互联网+"行动计划等发展战略的实施，特别是国家网络安全与信息化领导小组的成立并且由习总书记担任组长，以及企业管理的内在需求和移动应用等新技术共同发酵，唤醒了企业高层的信息化需求，基于大数据的智能分析、风险预警与决策、企业可视化的 Dashboard 成为需求热点。

以前企业高层的痛点是看不到数据，大数据的应用引起了企业领导者对如何利用数据支持分析决策和可视化管理的重视。企业内部的经营数据、生产制造环节的物联网感知数据和外部的互联网数据构成了企业大数据，这些数据能否发挥作用、创造价值，一是取决于数据规划与整合的能力，不少大中型企业已经意识到大数据的重要性，将其作为"十三五"规划的主线；二是取决于企业的管理水平，以及信息系统是否融合了先进的管理会计思想。

【案例】蒙能集团：打造内蒙古首个能源云大数据平台

作为内蒙古自治区国有独资综合性能源投资集团，内蒙古能源发电投资集团（简称"蒙能集团"）的产业遍布内蒙古自治区各大盟市，是自治区直属最大的能源发电企业。为落实内蒙古自治区的发展战略，并满足自身创新发展的需要，蒙能集团需要在经营管理上实现转型、在经营模式上实现创新，而大数据、云计算等信息技术是支持业务转型和经营模式创新的科学、有效手段。

结合多年的能源行业经验，浪潮为蒙能集团建设大数据仓库、数据智能分析平台，并形成可视化运营体系，建设创新应用。同时规划了“125”建设体系，即：1 个统一的展示框架平台，对内、对外 2 套展示应用场景，为政府部门、能源企业、客户单位、董事长总经理、部门领导 5 类用户提供完整的解决方案。蒙能集团通过能源云大数据平台将各个分散的系统的数据进行整合，建立各业务板块（水电、火电、风电、光伏、煤矿等）的指标分析体系，实现对生产过程的实时视频监控，通过可视化展现平台将集团运营情况全面、实时、深入地呈现给管理者，用数据说话，为管理者提供运营决策的依据。

（2）物联网与智能制造模式给企业运营带来革命性变化

“互联网+工业”使传统制造模式转向智能制造，加之物联网的深入应用，给企业运营带来革命性变化。通过物联网实现精准控制、智能感知，建立企业大数据仓库，推进智能决策、预测性分析、智能制造，实现集团管控精准、智能、实时、可视。构建生态，突破新商业模式，非对称性开展业务颠覆市场。例如海尔，通过对传统生产模式的颠覆与升级，打造按需设计、按需制造、按需配送的互联工厂体系，使整个制造过程实现高度的柔性，满足个性化定制的需求。管理会计作为重要的管理工具，成为运营管理数字化、智能化的重要手段。

【案例】淄矿正通煤业：实践物联网“智慧矿井”，让危险戴上了紧箍咒

正通煤业在煤炭行业中积极实践大数据建设，利用人工智能、物联网等新技术手段，实现煤矿生产、运营等各个环节数据的集中掌控，推动大数据进管理、进运营、进决策，抓好基础数据、专业队伍、管理应用“三大工程”，逐步从传统应用分析向创新应用分析转变，提高煤矿防灾、抗灾和应急救援能力。

人员精准画像+实时视频监控+设备异常监控，全力保证安全生产。与浪潮合作，通过整合HR系统、矿井GIS系统、井下人员定位系统、视频监测系统、设备运行异常监控系统，生成井下作业人员精准画像，实时了解人员的基本情况、行进轨迹与里程、分布密度等信息，并对作业环境中的潜在危险进行分析、预判，对出现的异常情况瞬时报警、自动传回人员位置，方便及时救援，真正实现预警机制的闭环，保障作业人员的安全。

生产效益考核精细化至“班组”，分摊费用占比大大降低。在效益核算方面，浪潮大数据整体方案帮助淄矿正通煤业实现了核算方式由整矿变为班组、按月变为按班，能够实时计算出每个班组创造的效益，分摊费用占比从73%降至26%，改变了因传统纸质记录方式不及时、不准确所引发的无法及时辅助决策的问题，实现了由粗放式管理到精细化管理的跨越。

（3）多云融合与人工智能，实现端到端全连接，大幅提升运营效率

随着工信部发布《云计算三年行动计划》，浙江、江苏、济南相继推出企业上云行动计划，企业上云大幕正式拉开。传统产业运用云计算技术推动新旧动能转换和数字化转型成为当下热点。上云，成为企业现在必须开始走的未来之路，“云服务”将成为企业发展的新模式和新趋势。所有企业，包括大型企业、巨型企业的企业服务都会走向“云”，这也是企业互联网化的目标模式。企业上云是个自然发生的过程，应以应用优先，从边缘到核心都往云上走，充分发挥云和数的作用，实现个性化、定制化、精细化的生产和服务，形成企业运营的智能决策、指挥。特别是制造业，借助云计算打通研发、生产、物流、市场和销售环节，实现端到端的流程，支撑企业管理转型和业务模式创新，用创新的数字化加速实现智能制造。

【案例】中国中铁：采购上云，搭建建筑企业电子商务新模式

中国中铁股份有限公司（简称“中国中铁”）是全球知名的建筑工程承包商之一，连续13年进入世界企业500强，2018年在《财富》世界500强企业排名第56位，在中国企业500强排名第13位。

中国中铁携手浪潮构建采购电子商务平台，实现采购管理工作的标准化、规范化、集约化、信息化，把供应商、企业、经销商、客户组成一条商业生态链，实现横向协同、多层级纵向集中的阳光采购，使传统的成本中心变成了利润中心。目前在该平台注册的供应商有近 10 万家，年交易额超过 3000 亿元。未来，该平台还将对外提供服务，探索供应链金融业务，打造“建筑行业第一 B2B 平台”。

而人工智能对商业的影响同样异常深刻，突出表现在业务流程、知识管理和管理本身的自动化和智能化。其中，管理的智能化包括从数据采集到反馈、监控、评估等一系列环节。此外，还有智能化分析预测以及智能化决策。在财务领域，智能报账系统可以将原始单据拍照上传，通过影像识别实现智能审核，随着电子发票的应用，财务处理会更加智能化。在人力资源领域，智能助手不但可以及时回应员工的问题和诉求，还能在招聘环节进行自动化测评，遴选企业需要的人才。营销领域也体现了智能平台的价值所在，比如，电商会根据过往的消费记录向顾客推荐合适的商品，商品定价也会根据区域时段和供货情况进行灵活调整。在制造环节，装备已经全面实现自动化，同时人工智能也积极推进制造后期客户关系的发展。

【案例】中国交建：以财务机器人推动经营效率大幅提升

中国交通建设股份有限公司（简称“中国交建”）是全球领先的特大型基础设施综合服务商，产品和服务遍及 150 多个国家，集团下设港口设计建设公司、公路与桥梁设计建设公司、疏浚公司、集装箱起重机制造公司、海上石油钻井平台设计公司等。

中国交建财务共享中心选择浪潮机器人帮助其提升财务

工作效率。浪潮机器人不是实体机器人，是基于固定规则的自动化软件，它可以出色地完成大量重复性、定义清晰、有固定逻辑而少有意外情况的工作；高强度无差错，能够7*24h*365天无间隙工作，相当于人工15倍的超高工作效率；在虚拟环境下复制人机交互行为，无须人工操作，不会发生错误并提供自动校验和流程检查，而且没有因精力分散而要休息的需求。机器人的使用规模还可以按需求进行灵活调整，在高峰期分配更多机器人处理大量的数据。最重要的是机器人模拟人工操作模式具有非侵入式跨系统交互能力，不用侵入系统内部程序和数据结构，就可以完成跨多平台、多系统的交互工作。该项目共涉及100多个账套的财务工作。在银行对账环节，原本一个单位1～2个账户需要0.5人/天核对，机器人仅需1分19秒即可完成一个账户的对账工作，还能自动出具银行余额调节表并发送相关邮件给财务人员。

中国交建财务共享中心启用财务机器人对300多个账套进行结算办理及凭证生成的操作，结算办理基本可以做到日清日结，凭证生成的速度也大大提升。浪潮机器人减轻了财务共享中心人员的简单重复性工作，涵盖众多场景，如智能报账、智能对账、智能报告、智能制证、智能审核、智能记账等……使共享中心的人员能够从繁重枯燥且低价值的事务性工作中解放出来，转向深入业务、管理会计等高价值工作。在降低人力时间成本、提升工作质量等方面收效明显。

1.3.3 颠覆性创新

颠覆性创新，简单地说就是无中生有，原来没有的产品创造出一个产品，原来没有的模式创造出一个模式，如何进行颠覆性创新还不是现在传统产业最重要、最急迫的任务，传统企业转型仍然应该专注于自己的行业，一个企业数字化转型是不是成功，很大程度看你现有的优质资产是不是转移到了数字化的环境中，比如说你的客户、数据，这是决定转型成功的关键，而不是为转型而转型，转型也不是转行。真正能进行颠覆性创新的企业是极少数的，主要是互联网公司、高科技企业。

颠覆性创新的概念是由哈佛大学商学院的商业管理教授、创新大师——克莱顿·克里斯坦森(Clayton Christensen)基于在哈佛所做的研究工作而总结提出的，旨在描述新技术/新产品（革命性变革）对公司存在的影响。公司在寻求新的增长业务时，往往有两种选择：一种选择是通过持续创新（Sustaining Innovation）从市场领导者手中抢夺现有市场；另一种选择是通过颠覆性创新（Disruptive Innovation）开辟新的市场，或者扎根于那些现有产品的最差顾客群。

颠覆性创新是最高阶的创新，它是在基础研究新成果与新技术结合的基础上推动产业新变革的，需要从基础研究做起，实现全链条贯穿，只有这样，才能成为名副其实的领跑者。

颠覆性创新一般会涉及颠覆性技术。颠覆性技术是相对于“渐进性技术”而言的。渐进性技术又称维持性技术，指的是已立足于市场的现存技术。颠覆性技术，是一种另辟蹊径、对已有的传统或主流技术产生整体或根本性替代效果的技术，可能是全新的技术，也可能是现有技术的跨学科、跨领域应用。党的十九大报告指出，建设创新型国家，要“突出关键共性技术、前沿引领技术、现代工程技术、颠覆性创新技术”。

简而言之，颠覆性创新是指能够开辟一片新的市场。颠覆性创新往往出现在交叉领域，该领域颠覆性技术的出现，会使得企业之间的竞争关系发生很大的变化，竞争会从单维竞争转向价值网络协同，从而实现资源高效使用，在解决自身资源能力，甚至在时间窗口方面的短板和瓶颈的同时，顺应产业发展的趋势，获得市场上的成功。

浪潮认为颠覆性创新分两种类型：一种是模式颠覆性创新，一种是产品颠覆性创新。出租车公司 Uber，没有一辆出租车；业务遍布全球的旅馆 Airbnb，没有一间房，它们均利用移动互联网等新技术驱动了商业和运营模式的创新。“大力服”和“智能机器驮驴”是产品颠覆性创新的典型代表。“大力服”由日本 Cyberdyne 公司研制，是世界首款全功能机械外甲，能使穿戴者四肢力量瞬间增加十倍。这套装置借助电池电力运转，整套装置重约 7 千克。人脑通过神经系统发出运动指令时，衣服上的内置传感器因与人体接触，能接收到微弱的皮肤电流。这些传感器与计算机相连，计算机通过解译传感器发出的信号，指导捆绑在人体四肢上的机械支架运动。两年前，一名登山运动员背负一名四肢残疾者爬上高 4164 米的瑞士布莱特峰，这名登山运动员当时穿的正是“大力服”。“智能机器驮驴”是由美国波士顿动力公司负责研发的第三代机器驴，它比起前辈“大狗（BigDogs）”有着更为优秀的性能。它在军队里的主要用途是帮助士兵们运送越来越沉重的行囊，让减负后的士兵可以全身心地投入到战斗中，它也因此被前线的美国大兵亲切地称为“战场出租车”。

当前，随着区块链、量子计算等新一代数字技术的成熟和渗透，已经形成了一种以硬件为表现形式的新产业形态——新硬件。这里说的新硬件，不是主板、显示器、键盘这些计算机硬件，而是指一切物理上存在的，在过去的生产和生活中闻所未闻、见所未见的人造事物。如果说乔布斯在 2007 年展示的 iPad 和 iPhone 还是人们可以理解的事物，那么今天的多轴无人飞行器、无人驾驶汽车、3D 打印机、可穿戴设备、机器人厨师就是人们在这些东西出来之前无法想象的事物。

第 2 章

数字化转型创新商业模式

2.1 数字化转型“进化”企业管理

数字化转型是企业“进化”的过程，不仅仅是技术问题，还涉及企业的方方面面（如图 2-1 所示），企业应以技术与管理创新为双驱动，在明确数字化战略和方向的基础上，联动“云”和“数”两大驱动力，以“连接 共享 精细 智能”为理念，构建“企业大脑”，推动企业管理变革与创新，最终成就智慧企业。

> 数字化转型是企业“进化”的过程，不仅仅是技术问题，还涉及企业的方方面面。

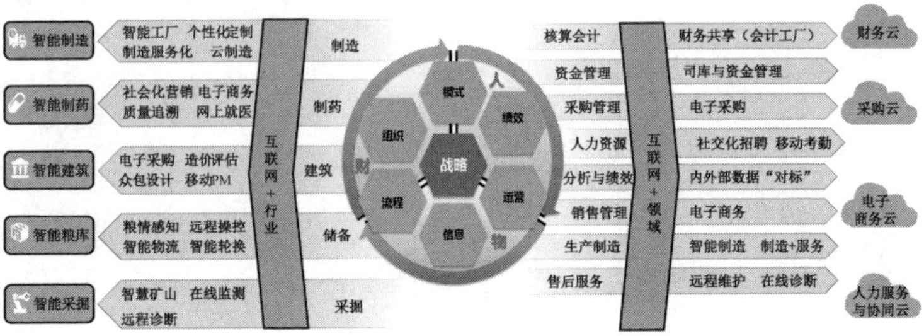

图 2-1 数字化转型“进化”企业管理

如今，全球正迈向数字化新时代。以云计算、大数据、人工智能与物联网、5G 为代表的数字技术，其能量在持续释放。在这些层出不穷的数字技术的驱动下，价值链正破裂重塑，新生态系统不断涌现，行业边界变得越发模糊，越来越多的传统企业都在试图通过重构自身业务模式来从容应对行业变革，并跨越传统的行业界限扩展其业务。同时，那些不断涌现的以数字技术创新为驱动的公司，正在利用其领先的技术能力成为行业的颠覆者。我们看到，企业的数字化转型在打破原有游戏规则的同时，给社会、经济及个人带来了革命性的改变。

在数字化转型的新时代，随着工业互联网和智能制造的持续推进、产业加速融合，企业一方面与外部互联互通，一方面在内部加速业财资税深度融合，企业业务流程与管理正在发生深刻的变革。

2.1.1 历次工业革命都伴随着管理的变革

每一次潮流的到来，都不乏奔走相告的玩家。数字化转型同样如此。历次工业革命都伴随着管理的变革。迄今，人类历史经历了四次工业革命。每一次工业革命中，都会出现新的技术、诞生新的生产力要素，同时在管理理论、方法和工具等方面也会进行相应的创新（如图 2-2 所示）。管理创新与技术创新共同推进企业发展、人类文明进步。

第一次工业革命始于 1775 年瓦特改造蒸汽机，这期间管理尚未形成独立完整的科学，但是亚当・斯密在《国富论》中提出了专业化分工，其价值和作用可以与蒸汽机相媲美。第二次工业革命始于 19 世纪末的电气化革命，期间管理学取得了长足进步，泰勒的《科学管理原理》成为现代管理学的基石，在这期间提出了标准作业、标准成本等重要的概念，也成为管理会计的雏形，在实践中出现了非常著名的“福特流水线”。第三次工业革命始于 20 世纪 50 年代的计算机革命。信息技术得到了广泛应用，这一时期代表性的著作是钱德勒的《规模与范围》，企业管理的理论、体系、方法和工具得到了前所未有的丰富，作业成本法 ABC、EVA、平衡计分卡、战略地图等管理方法和工具得到广泛的应用，信息化与工业化的融合产生了巨大效益，以准时生成（JIT）为代表的“丰田模式”成为典范。

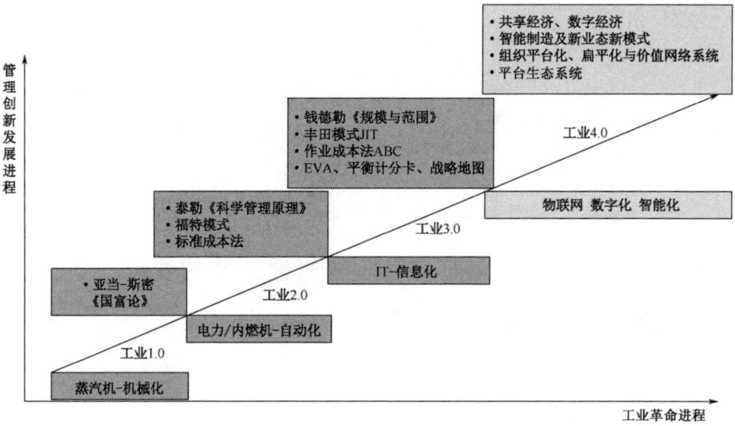

图 2-2　工业革命与管理创新

今天，以云计算和大数据为代表的新 IT 技术正在改变世界发展进程，推动全社会进入第四次工业革命浪潮。在这个时代，新 IT 技术大大提高了企业的生产力，而传统的管理方式和经营模式明显成为一种桎梏，以共享经济、智能制造为代表的新生力量和新商业模式对企业管理、财务、会计等工作提出了新的要求和挑战。面对新形势带来的压力，未来企业领导者需要根据这些趋势，制定新策略，以确保企业拥有明显的数字化优势。

为了迎接挑战，企业寻求转型出路的可能方向（如图 2-3 所示）为：共享服务化正在成为一种推动企业实施组织变革甚至实施跨界经营的重要手段；组织扁平化以减少行政管理层次，裁减冗余人员，从而建立一种紧凑、干练的组织结构；企业平台化战略性地利用技术来搭建数字化业务平台，能创造内部互联的平台经济；数字化/智能化是创新的跳板，能推进个性化定制商业模式。

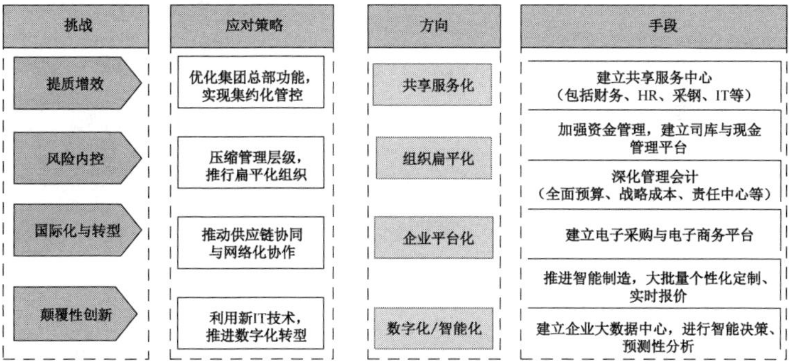

图 2-3　数字经济时代企业面临的挑战与应对

2.1.2　数字化转型中的管理变革

在竞争加剧的今天，传统企业需要通过管理变革和技术创新，获得持续发展的能力来得以生存。数字化转型的概念代表了革命和机遇，能为企业创造价值。企业可以借助数字化创新，加快内部流程、业务模式等方面的变革。从盈利和业务两个角度，数字化转型为企业创造价值的路径如图 2-4

所示。

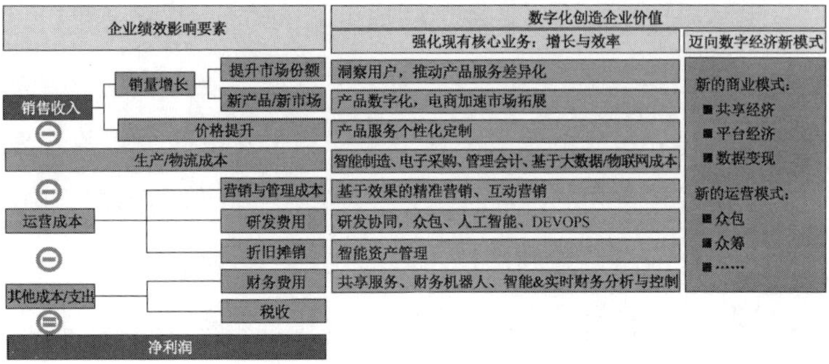

图 2-4　企业数字化转型创造企业价值

企业数字化转型，不仅推动员工思想观念和企业文化转型，同时还带来业务流程的重构，继而驱动集团管控模式的转变。在这个过程中，紧紧围绕价值创造，管理会计将具有更大的创新和发展空间，重要性更加凸显。

第一，企业数字化转型是思想观念的重构。互联网、云计算、大数据、人工智能等新一代信息技术的出现，使企业转型不单是个技术问题，更是个管理变革的问题。互联网对企业冲击最大的是组织、流程，比如，困惑企业多年的信息孤岛问题、业财一体化问题，通过企业上云，实现全面连接，进而推动流程重构，让现实问题在数字世界得到解决。

第二，企业数字化转型是业务流程的再造。业务共享化、运营数字化、管理智能化、企业平台化是未来的发展趋势，也是智慧企业的四大能力。在此基础上，简化 IT、优化业务、创新应用。数字化转型之后，标准化、重复性工作交由机器人完成，员工能有更多时间从事创造性、创新性工作，人机协作是未来的必然场景。当然，这对现有人员提出了更高要求，需要通过再学习完成知识和技能的转型，大学教育在这方面有很多工作要做。

第三，企业数字化转型是集团总部职能的转变。新技术的应用带来了组织扁平化、公司平台化、员工移动化、企业虚拟化，而组织扁平化加大了授权，使数据双向流动，来自一线的实时反馈更为重要，总部必须做到实时感知，实现以数据驱动集团管理，辅助战略制定与绩效管理、决策和分析。这些特点和趋势驱动着组织变革和集团管控模式的转变，新一代集团管控要在管和控的基础上，更强调总部对一线的服务和共享职能，集中、共享、智能、可视是重要特征，数据成为核心资产。未来财务、人力、资金、供应链等资源的共享服务是集团总部创新应用的主战场。

第四，管理会计的重要性更加凸显。工业互联网是实现智能制造的支撑，智能制造是数字化转型的主战场，智能产品、智能生产、智能服务以及新业态、新模式，都需要管理会计的深入应用。比如，大规模个性化定制需要的成本核算与产品报价，物联网的应用对作业成本及成本系统的改变，大数据对内部报告、风险管理和决策的影响等，都使管理会计具有更大的创新和发展空间。

2.1.3 数字化转型的关键要素

如今，人人都在谈企业数字化、谈转型。从媒体、咨询公司、IT 厂商再到广告传播服务商，行业链条上的每个组成者，推杯换盏间就能道出个一二。“数字化转型”便是基于 IT 技术所提供的一切所需要的支持，让业务和技术真正产生交互而诞生的。利用云计算、大数据、物联网等技术，从客户体验、企业运营、业务模式三个方面推进数字化转型，推进企业运营平台化，推动客户、供应商、员工、创客及消费者全程、深度参与价值创造过程。创新制造模式、业务模式，如 C2M、网络协同制造、全渠道多触点的营销服务、共享服务、服务外包等。

但是转型也有一个框架，每个角色都要转型，这就是麦肯锡的 7S 模型，7S 可以覆盖企业所有的方面，既包括企业中的“硬件”要素，又包括企业中的“软件”要素（如图 2-5 所示）。战略、结构和制度被认为是企业成功的“硬件”要素，而风格、人员、技能和共同的价值观被认为是企业成功经营的“软件”要素。企业的“软件”要素和“硬件”要素同样重要。很多公司长期以来忽略的非理性、固执、直觉、非正式的组织等“软件”要素，都与各企业的变革成败息息相关，是绝不能忽略的。不同的是，数字化转型过程中，7S 内涵发生了变化。

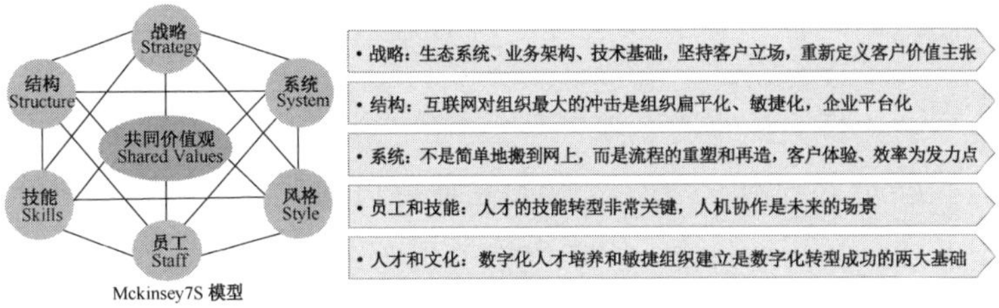

图 2-5　麦肯锡 7S 模型

一是战略。数字化转型的战略、目标、路径应该是清晰的。比如浪潮要成为“云+数+AI”新型互联网企业，成为“平台+生态”型企业，这就是浪潮的转型战略。转型一定要坚持客户立场，重新定义客户的价值。根据企业整体发展战略，形成数字化建设思路与要求，结合公司数字化发展成熟度模型，围绕各业务所面临的行业、技术发展趋势，制定企业整体数字化战略，探索利用新技术驱动业务发展与运营模式优化创新的愿景。

二是结构。数字化转型带来的最大的变化就是组织的变化，阿米巴等新组织形态不断出现。企业数字化转型过程中，组织架构、经营管理模式出现了很多新的特征：企业平台化、员工创客化、组织扁平化、个性化小批量定制等。这些新特征和新模式的出现，对企业的财务管理提出了新的要求：在放权的同时维护财务稳健和股东利益，做到既能激发企业活力又能实现有效的管控。

三是系统流程。过去的流程要重构或者重塑，按照麦肯锡的分析，如果一个企业把 20 个核心流程数字化了，成本就能降低 80%～90%。这与当前政府提出的“数据多跑路，百姓少跑腿”一致。政府该项目标的实现，不是仅依靠数据自动实现的，背后是很多的流程与组织改造。

四是人才和文化。文化是企业成员共有的价值观，它是企业成员行为的标准。数字化转型最难的是人的转型和文化的转型，企业文化的转型是最根本的。数字化成功的两个基础，就是数字化人才的培养和敏捷组织的建立。变革实施过程中，可能遇到文化的强抵触力，要进行有效的疏导，并利用变革的机会在企业中确立新型的文化。这种新型的文化既要适应企业当前发展的需要，也要具有一定的延展性。

2.2 数字化转型成就“平台+生态”商业新模式

当前，新 IT 技术对传统企业最大的冲击是组织扁平化、企业平台化，无边界组织、社会化员工，阿米巴成为新商业模式下组织发展的新趋势和新形态（如图 2-6 所示）。大型企业通过建平台，在加速企业内部业财一体化的同时，深化业务流程与管理变革，数字化转型进展得轰轰烈烈；对于中小微企业，则必须上云上平台，通过上云，实现与客户、上下游企业、金融、税务等产业链的广泛连接，同时融入生态，借助平台能力，实现数字化转型升级。未来，

> “平台+生态”将成为主要的商业模式和产业变革潮流，而新 IT 技术正加速推动这一模式的形成。

“平台+生态”将成为主要的商业模式和产业变革潮流，而新IT技术正加速推动这一模式的形成。

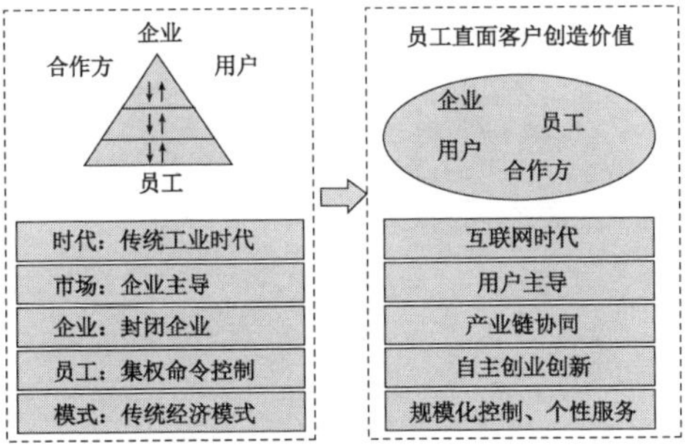

图 2-6 新技术对传统企业的冲击

2.2.1 新IT推动产业走向“平台+生态”模式

随着经济的快速发展和生活水平的提高，用户个性化消费需求逐渐兴起并旺盛，用户希望通过市场交易不仅满足独立的需求，还希望通过交易满足一揽子多元化需求，市场不确定性与日俱增，以产品为中心的传统组织已无法满足消费者需求；同时，在组织内部，相较于前辈，“80/90”后的数字化原生代员工更希望在较短时间内实现自我价值，更希望上层领导充分放权，赋予更大的灵活性。为应对外部市场和内部文化的变化，企业需要以用户为中心，通过试验性举措，充分、快速地了解用户，并通过敏捷组织快速反应，满足用户需求。个性化的用户需求、数字化原生代的企业文化对企业组织架构和经营模式提出了新的变革要求，倒逼新一轮的产业升级。IT 技术的突飞猛进为产业升级提供了基础和保障

（如图 2-7 所示）。

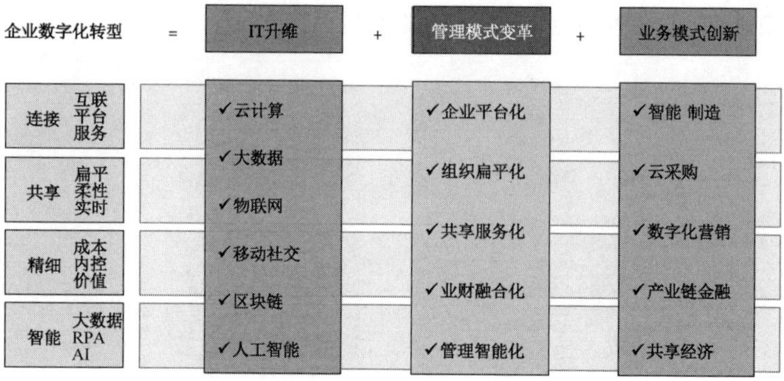

图 2-7　产业升级的驱动力：新技术、新模式

传统企业转型，本质上是产业升级带来的企业进化问题。平台的本质是连接与共享，生态思维是一种产业思维，打造“平台+生态”型企业必须从产业讲起。以云计算为代表的开放式架构技术普及以来，人与人、人与物、物与物之间实现了广泛连接，各业务之间的数据实现了共享，不断推动交易精准化，催生新型交易，从而引发了各行业对于共享和协作的无限遐想，并日益重构传统产业。换言之，新 IT 技术正在通过“去边界化、去中介化”肢解所有行业。首先是将用户和企业销售环节连接，形成电商平台、用户信息与社交平台，我们称之为消费互联网。之后工业互联网将不断连接企业各个环节，诞生原材料交易平台、研发设计平台、B2B 分销平台等。未来的产业格局，将从产业生态链进化为产业平台生态网络，个性化的环节会更加分散，标准化的环节会更加集中。

对于企业而言，在新 IT 技术的支持下，企业内外部的互动更加直接，企业与市场的边界更加模糊；同时，企业内部成员与生态成员之间，协同变得更加频繁和高效，大家都开始以生态思维去思考组织的形态和发展，组织从一个个封闭的机器变身为开放的体系。因为任何一个企业的盈利模式和盈利能力都是基于产业结构的，对产业变革的本质没有深刻洞察的企业，妄谈生态都是不正确的。美国知名互联网分析师马克·米歇尔曾在报告中指出，平台将成为产业运营的核心，以平台为核心的产业生态，一定程度上取代了以超级企业为核心的产业集群。可以说，“平台+生态”模式是未来。

2.2.2　龙头企业纷纷提出“平台+生态”发展模式

相关数据显示，2015 年全球排名前 15 的已上市的互联网公司，都是平台模式，它们的总市值加在一起达到 2.6 万亿美元，而这些价值都是过去十年左右的时间成长起来的，随着基础设施的发展和完善，未来 5～10 年内，不同的领域将会出现更多的百亿美元，甚至千亿美元的平台公司。从欧美领先企业来讲，“平台+生态”组织模式已经成为很多优秀企业的主流选择；从国内来看，我国各领域的龙头企业都在实施生态化战略，构建“平台+生态”的发展模式。

1. 阿里巴巴——平台企业+生态

阿里创业伊始，连接买家与卖家的就是平台。通过这个平台，已经构建起阿里的金融生态、产业生态、线上线下的生态和电子商务的生态体系；通过买家跟卖家的连接，通过淘宝平台，通过现在所构建的产业资源、金融资源、软件资源、媒体资源，阿里巴巴正在基于大数据、云计算，不断发挥成长、连接和聚合的功能，形成一个完整的产业生态体系（如图 2-8 所示）。

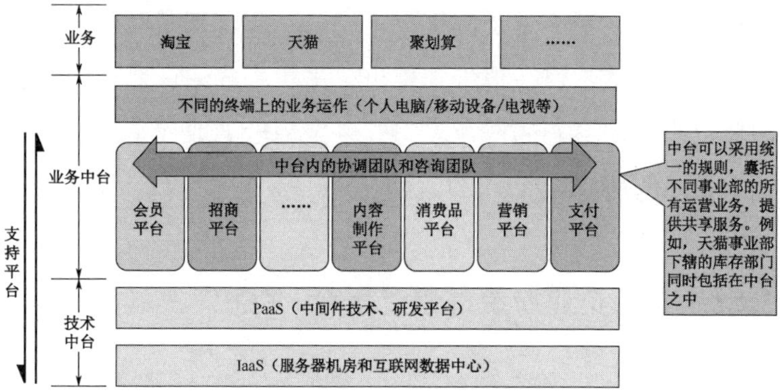

图 2-8　阿里平台企业+生态

2. 浪潮集团云计算战略 3.0

基于对全球产业发展趋势的精准判断，2010 年浪潮便提出云计算战略 1.0，率行业之先开始由传统的 IT 产品、方案提供商向云计算、大数据运营服务商转型。2014 年，浪潮进一步明确提出了“云中心、云服务、大数据、云伙伴”的云计算战略 2.0，通过提供“计算+”平台、政务云服务和大数据资源服务，做信息化的“平台产品供应商”“云服务运营服务商”与“生态建设者”。随着数字经济的发展，互联网产业生态正从技术生态、业务模式生态，走向数据生态。2018年，浪潮提出的目标是成为世界一流的平台生态型企业，成为领先的“云+数+AI”新型互联网企业，把自己的“云”和“数”提供给数据生产、流通、创新等环节的合作伙伴使用，为合作伙伴进行能量输出和赋能，形成共建、共享、共用的数据新生态（如图2-9所示）。

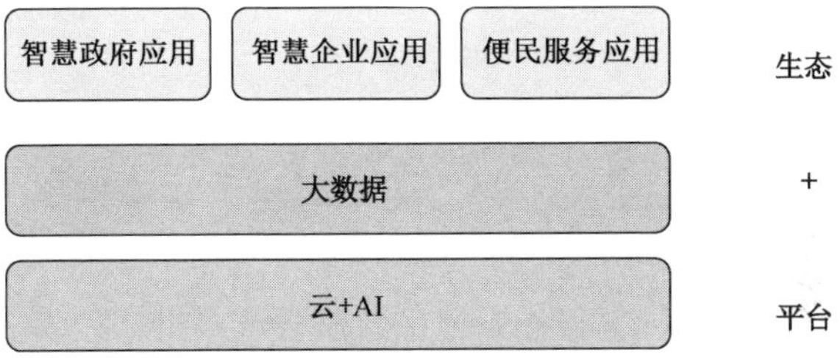

图2-9 浪潮的“平台+生态”

一是构建云数据中心平台，输出世界级水平的计算力。以云服务器为核心，发挥云数据中心全线产品及解决方案的优势，通过技术创新持续打造“金刚钻”产品，构建全球领先、安全可靠的云数据中心平台，成为智能时代的使能者和推动者。

二是打造世界一流的云服务平台，提升运营服务能力。依托在全球布局的云中心及政务云的领先优势，全面丰富浪潮云的产品线，聚焦国内、海外以及政府、企业两个维度市场，提供包含弹性计算、存储、安全等在内的一站式云计算服务；以天元大数据为核心，为政府和企业提供大数据运营服务，满足智慧城市、智慧企业建设的数据需求；基于“云+数”的优势，为政府提供智慧城市运营服务，打造城市、企业“智慧大脑”，以“一平七通”推进智慧城市建设，利用工业互联网平台助推智能制造战略落地，让数据智慧全面惠及政府、企业和每一个人。

三是根据自身产业布局，浪潮将构建云中心、云服务、政府数据运营，以及爱城市网、智慧城市运营服务、云 ERP 六大生态，以此共同激活并驱动数字产业体系走向完善。

3. 华为“平台+生态”战略

华为近几年也在从产品型向“平台+生态”型进行战略布局（如图 2-10 所示），正在构建技术平台、资源平台和服务平台，服务于产业、服务于社区、服务于各种研发者。

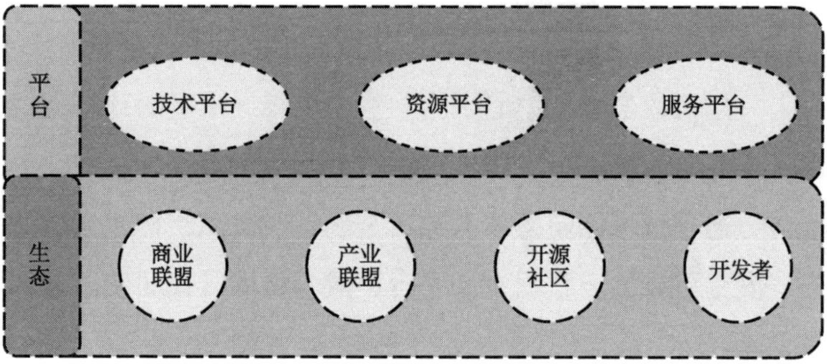

图 2-10 华为“平台+生态”战略

4. 海尔

海尔平台有两类组织：小微和平台，小微完全独立，平台为小微提供开放的资源支持。海尔实行“人单合一”的机制，内部的创新小微、转型小微和外部创新的小微，都可以凭借订单调动平台资源，相互协调（如图 2-11 所示）。

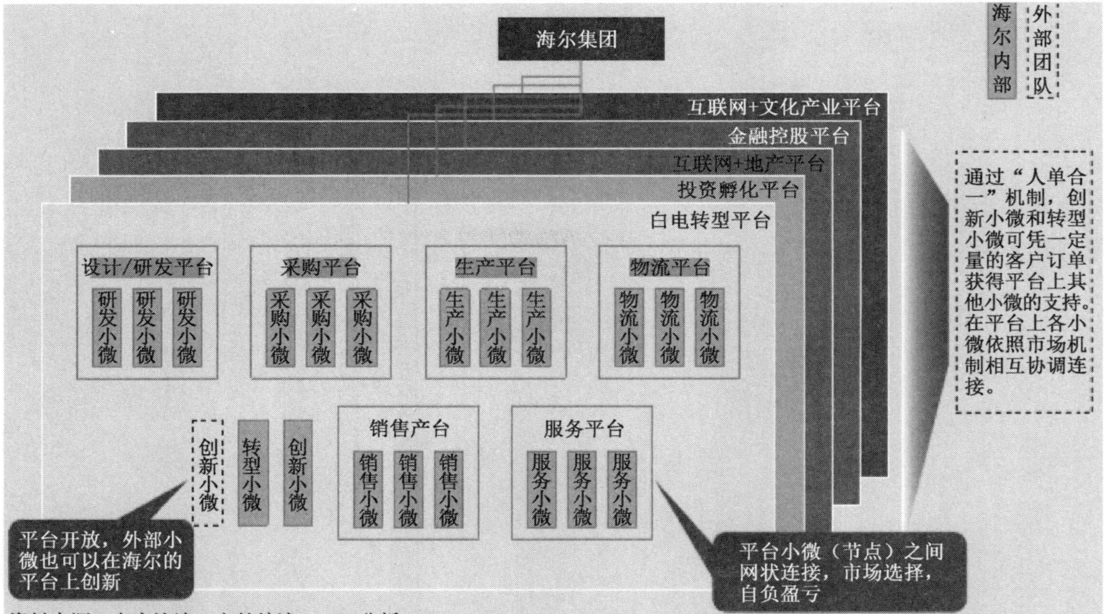

资料来源：专家访谈，文献综述，BCG分析。

图 2-11 海尔通过“人单合一”制度形成平台上小微之间的相互协作

第3章

数字化转型创新经营管控

企业通过销售商品或是提供服务实现商业价值，产品生产经营及服务的过程既是信息的产生过程，也是信息交换处理的过程（如图 3-1 所示）。在企业的运营过程中，源源不断地产生着生产及经营数据，使得信息交换处理的时效性及复杂度呈几何式增长，传统的技术手段已经很难支撑集团企业纷繁复杂的运营管理。

图 3-1　企业价值实现与信息交换处理同步联动

伴随着互联网、云计算、大数据、物联网、移动应用、区块链、人工智能等新兴技术的应用，企业运营管理模式也在不断地推陈出新——产品销售从线下走向线上，招投标从现场变为电子招投标，合同管理从纸质审批变为在线办理，产品设计从二维图纸变为多维数字仿真，设备巡检从人工检测变为物联网感知、人工智能预测……

以客户为中心，要求集团企业运用领先的信息科技，感知、洞察客户需求，内聚外联，建立敏捷型生态组织，促进规模化创新，更好地服务客户，响应客户需求，甚至引领用户，通过数字化的客户运营管理平台，使企业持续提升对接用户的能力，并与自身能力相匹配。

3.1 新一代集团管控

在“互联网+”环境下，客户需求越来越个性化，企业必须由以往的“标准化、长周期、大批量”经营模式向着“个性化、短周期、小批量”转变，及时发掘客户需求空间，高效组织生产运营，准确进行定价决策。

这就要求企业改变过去层层传递的金字塔型决策链条，通过组织扁平化、决策去中心化，划小核算单元，激活基层单元的活力，对市场变化做出迅捷反应来提升公司竞争力。这对企业内部资源的管理效率提出更高要求：需要在全集团范围内进行资源集中、共享、协同，为前台提供精细化、高效率、低成本的平台化支撑服务，体现管理的价值创造能力。

> 互联网对传统企业的最大冲击是组织扁平化、企业平台化、员工移动化，这些变化推动集团管控模式的改变。

通过互联网、大数据、移动应用等新技术的支撑，将业务管理模式与信息化手段创新融合，在人、财、物、客、资金、数据六大领域实现模式创新、价值创新，为企业各层级管理者提供智能化的决策依据，提升企业竞争力，助力企业创新、转型、升级（如图 3-2 所示）。

图 3-2　集团管控六大领域

3.1.1　集团管控三种模式

划分集团管控类型流传最为广泛的是“集团管控三分法”理论。其雏形是 20 世纪 80 年代战略管理大师古尔德等人提出的。企业集团的三种管控文化偏好，经过多次演变，成为根据集团公司对二级单位的集权程度、二级单位业务成熟度、集团总部管理能力等指标综合分析评估的操作管理型、战略管理型和财务管理型三类。

1. 操作管理型

操作管理型追求战略实施和经营思路的严格执行，有明确的主导产业，强调各下属单位经营行为统一，公司整体协调成长。总部的核心功能为资产管理和经营管理，通过业务管理部门对下属单位的营销、技术、人力资源、新业务开发等日常经营运作进行直接管理。

为了保证战略的实施和目标的达成，集团的各种职能管理非常深入。如人事管理不仅负责全集团的人事制度政策的制定，而且负责管理各下属公司二级管理团队及业务骨干人员的选拔、任免。在实行这种管控模式的集团中，各下属企业业务的相关性很高。为了保证总部能够正确决策并能解决各种问题，总部的职能人员数量会很多，规模会很庞大。如GE公司在1984年以前采用的就是这种管控模式，导致总部职能人员达2000多人。直到杰克·韦尔奇任CEO后才转变为战略管控型，大大减少了总部职能人员。

2. 战略管理型

战略管理型集团管控追求核心产业发展，有明确的产业选择，追求公司投资业务的战略组合优化和协调发展，培育战略协同效应。总部的核心功能为财务、资产运营和集团整体的战略规划，具体业务管理部门职能较弱，对下属单位以战略规划进行管理，各下属企业（或事业部）同时也要制定自己的业务战略规划，并提出达成规划目标所需投入的资源预算。总部负责审批下属企业的计划并给予有附加价值的建议，批准其预算，再交由下属企业执行。与控股下属单位的关系通过战略协调、财务、人事控制和服务而建立。总部不参与具体的日常经营，通过掌握下属公司股份，利用控股权，影响股东大会和董事会，支配被控制公司的重大决策和经营活动。

在实行这种管控模式的集团中，各下属企业业务的相关性也要求很高。为了保证下属企业目标的实现以及集团整体利益的最大化，集团总部的规模并不大，但主要集中在进行综合平衡、提高集团综合效益上做工作。如平衡各企业间的资源需求、协调各下属企业之间的矛盾、推行“无边界企业文化”，高级主管的培育、品牌管理、最佳典范经验的分享等。运用这种管控模式的典型公司有英国石油、壳牌石油、飞利浦等。

3. 财务管理型

财务管理型集团管控以追求投资回报、资本增值为唯一目标，通过投资业务组合的结构优化实现公司价值最大化。总部的核心功能是资产管理，对下属公司的具体经营和运作管理基本不加干涉，也不会对下属公司的战略发展方向进行限定，只对下属公司的财务指标进行管理和考核，重点关注财务指标数据的控制。通过控制股权，支配被控股下属单位的重大产权决策，以达到资本控制目的。

财务管理型公司总部人员精简，主要是高级财务管理人才，他们通过资本营运手段对被控股下属公司进行指导、监控，并不断捕捉资本市场的信息，进行符合投资回报目标的兼并、收购和出卖、转让。

典型的财务管理型集团公司有和记黄浦集团。该集团在全球 45 个国家经营多项业务，雇员超过 18 万人，它既有港口及相关服务、地产及酒店、零售及制造、能源及基建业务，也有因特网、电信服务等业务。总部主要负责资产运作，因此总部的职能人员并不多，主要是财务管理人员。

广义的管控模式没有“最佳”只有“最适合”。由于影响的因素很多，各企业所处的行业竞争环境和自身条件又各不相同，因此，并不存在一个“标准”或“万能”的模式，也没有“最佳”的模式，只有“最适合自己”的模式，而且它们还必将随一些外界因素的变化而不断调整。

3.1.2 新一代集团管控需具备投资、服务与内控三种能力

1. 投资能力（战略方向、投资项目中心）

随着国家投资政策不断放宽，投资力度不断增强，投资监管的难度也不断增加。集团企业需从企业战略出发，依据集团重点产业、项目发展要求，调整、优化资本布局，加大对下属企业投资的规划引导，加强对发展战略和规划的审核，制定并落实资本布局结构和整体规划。改进投资监管方式，通过强化主业管理、核定非主业投资比例等方式，管好投资方向，并对部分企业和投资项目实施特别监管制度。完善投资监管制度，防止重大违规投资，加大审核、把关力度，严控投资风险，依法依规追究违规责任。

2. 服务能力

企业平台化和组织扁平化驱动了组织形式的变革与集团管控模式的转变。平台化的企业结构，强调扁平、共享和协同。简单来说，平台是效率集约的全新生态系统。企业平台

化运营将原本科层明确、封闭的组织运作体系向扁平化、开放共享的平台生态系统转变，平台内的员工、合作方都成为平台上的资源整合单元（如图 3-3 所示）。

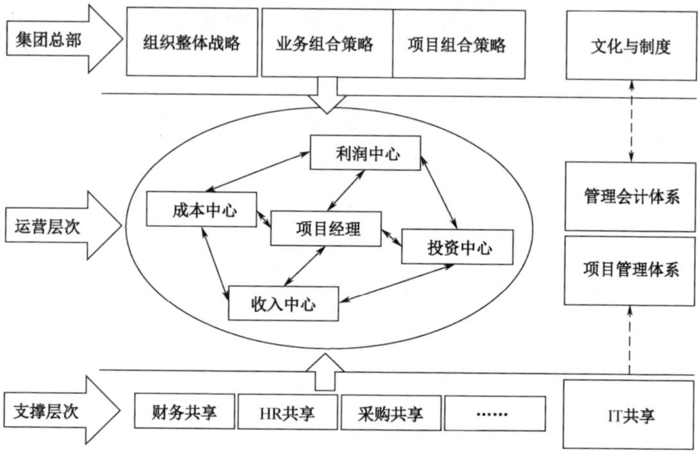

图 3-3　企业平台化

资源共享服务化与企业平台化相辅相成，是企业实现阿米巴经营模式、划小核算单元等的支撑。具体来讲，能够集中的原则上都要共享，如财务、采购、人力资源、IT、实验室、法务等都应该按照共享的模式进行运营。企业平台化将企业打造成一个为客户、供应商及内部员工服务的信息化大平台。在平台化共享的基础上，将企业划分成一个个可以独立核算的利润中心，建立独立经营核算体系，进行内部交易，进而将企业外部的市场压力传递到企业内部各阿米巴。员工通过阿米巴模式实现个人价值，主动参与经营，企业也能实现组织改革与重组，提高业绩。

集团管理层搭建大共享平台，实现人、财、物集约化管理，集合人力、物力、财力、技术、管理等生产要素，进行集中、统一的生产要素配置，以节俭、约束、高效为价值取向，从而达到降低成本、高效管理，进而使企业集中核心力量，获得可持续竞争的优势（如图 3-4 所示）。

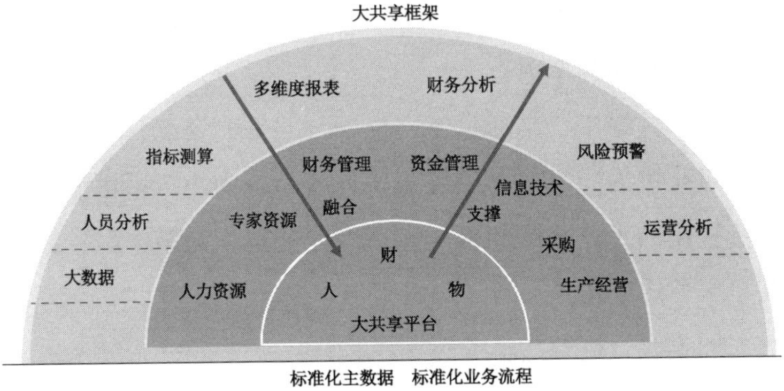

图 3-4 大共享框架

集团企业为了适应新时代、新变化、新趋势，大力推进“大共享”建设，利用新 IT 实现各类生产要素、数据、服务等方面的充分共享，促进生产经营组织模式由传统的“职能部门分工负责”向“共享服务和专业化运营”转变，强化生产要素及资源的整合能力，规范业务流程和管理流程，从而提升集团企业运营管理效率和整体竞争力。常见的共享中心有如下几种。

> 信息共享整合资源，大共享成为集团企业重点需求。

（1）财务共享中心

财务共享中心是企业集中式管理模式在财务管理上的最新应用。它将企业分散在各个运营单元中易于标准化和规范化的财务业务进行流程再造、标准化与集中处理。其目的在于通过一种有效的运作模式来解决大型集团公司财务职能建设中的重复投入和效率低下的弊端，降低成本，发挥标准化和专业化优势，提高效率。纵向上加强对下属运营单元的管控力度，横向上实现财务业务一体化，为集团企业实现有效监管和管理决策提供有力支撑。

（2）采购共享中心

采购共享中心是通过整合集团公司采购资源，将采购、招标过程中的重复、基础性工作，或是较为易于采用流程及系统控制的工作集中起来，实行专业化运作与集中服务，以共享服务的方式，提高采购效率与水平。

（3）人力资源共享中心

人力资源共享中心是指企业集团将各业务单元所有与人力资源管理有关的行政事务性工作集中起来，成立共享服务中心，提高人力资源的运营效率，更好地服务业务单元。集团的人力资源部门则更专注于战略性人力资源管理的实施，以及实现人力资源管理的战略转型。

（4）专家资源共享中心

专家资源共享中心是指通过信息技术整合集团内外部各领域的专家资源，使其能够通过信息系统集中进行知识经验分享；针对疑难问题，及时开展群诊群策；有效提升专业化管理水平。

（5）生产运行共享中心

生产运行共享中心是指通过物联网、设备运行监控和工业安全视频系统等的建设与应用，实现数据自动采集、远程传输和分析应用，形成各类生产运行监控、设备运营维护等。该中心基于对业务流程和设备运行状态等数据的共享，实时掌握生产、设备运行状态，准确调度、指挥现场作业人员开展精准运维，提高业务决策的效率和效果，有效降低生产损耗，大幅提高劳动生产率。

（6）市场经营共享中心

作为前台的流程平台、资源平台、服务平台，为前台提供其所需的人力、供应链、营销等市场经营所必需的资源及专业化服务支撑。

（7）信息技术共享中心

通过搭建云技术平台，为所有信息系统集中提供硬件资源、共享基础设施，提高信息化投资收益率；集中管理和共享应用设计、处理、解释、模拟、仿真等专业软件资源，提高计算机软硬件资源的使用效率。同时，利用企业的信息技术平台，将生产经营管理搬到网上运行，为业务流程规范、标准统一、转型升级提供技术支撑平台。

3. 内控能力（高效运转、管理会计、企业大数据）

企业通过数字化运营管理后形成企业数据湖，这些数据通过分析、归类、建模、可视化后可以为集团企业各级领导提供实时、真实、分角色的决策数据，发挥数据价值。数据来源可分为三大类：

（1）运营管理数据

运营管理数据主要来源于 CRM、合同管理、销售、采购、生产、库存、项目管理、资产管理、人力资源管理、财务管理、协同办公等。

（2）物联网数据

物联网数据主要来源于企业生产经营过程中物联感知设备的数据。

（3）互联网数据

互联网数据主要来源于企业运营管理过程中与互联网相关的企业外部数据，如行业对标数据、市场价格数据、公开招标信息、中标信息等。

3.1.3 软件定义新一代集团管控

在集团管控的三大层级上，按照业务管理要素各自形成闭环（如图 3-5 所示）。

在战略管控层面，面向事前战略决策、事中风险控制、事后分析考核，通过大数据智能分析为高层决策提供依据。

在资源共享层面，通过对企业核心运营资源（人、财、物）的高效集约、协同配置，为一线业务提供共享化的支撑平台，同时为贯彻、落实集团战略提供管理抓手。

在产业协同层面，通过对供产销全过程的管理，以客户为中心，提供个性化快速反应，并通过大数据进行精细化价值管理。

在各个层面，通过信息化手段，与业务管理模式创新融合，为集团运营提供三大管理体系、十五大管理工具（如图 3-6 所示）。

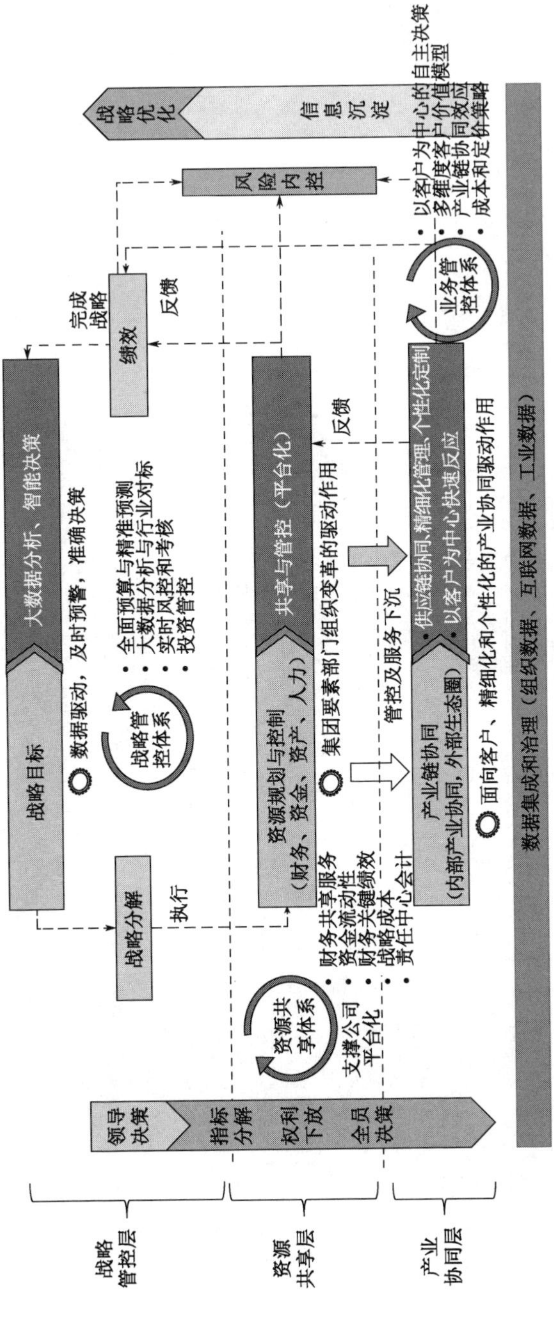

图 3-5 新一代集团管控体系

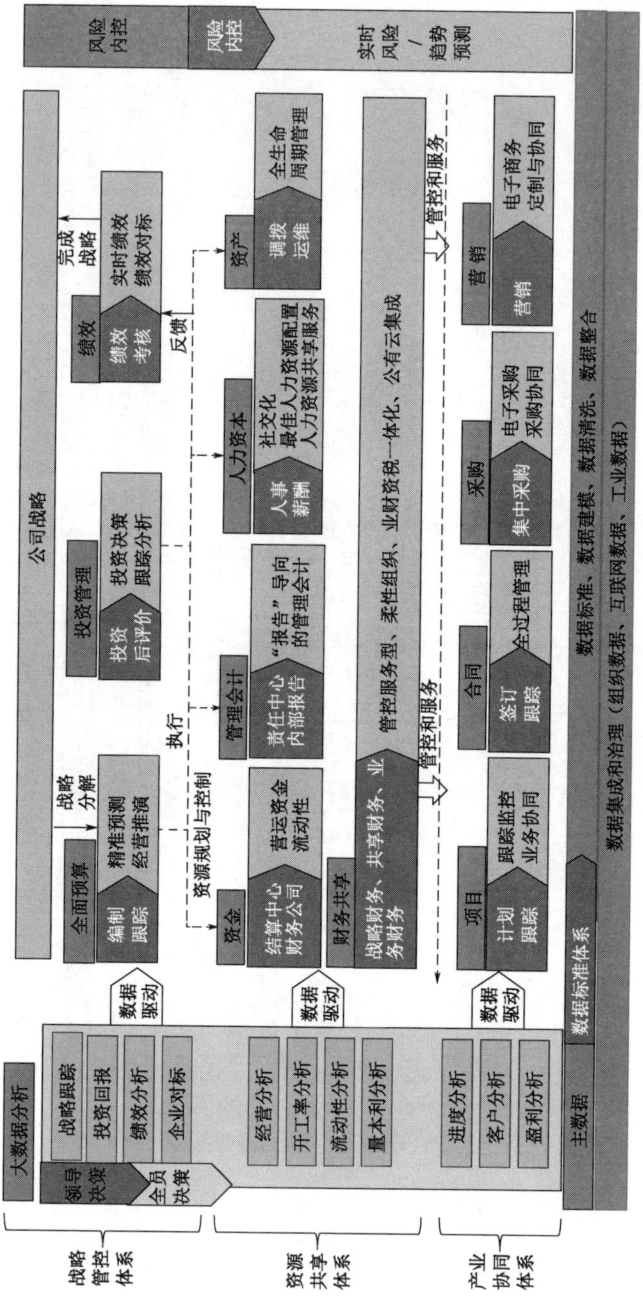

图 3-6 集团管控十五大管理工具

1. 大数据分析

在传统的分析应用之外,通过大数据及移动应用等新技术，为各管理层级提供更及时、更精准、更全面的信息数据服务，使得科学决策、及时决策、全员决策成为可能。

2. 全面预算

通过管理与业务的信息化协同，实现全面预算与业务控制、绩效评价、智能分析全面融合，形成真正的管理闭环。通过大数据分析、行业对标等技术手段提高预算的准确性。

3. 投资管理

融合互联网、大数据等信息技术，打通从战略规划、投资立项、资金控制、项目设计、工程执行、采购合同、交工验收、运营评估全生命周期业务链，通过完整的数据整合分析，促使投资决策更加科学、优化，项目执行更加高效、优质，提高投资业务对企业战略的全面支持能力。

4. 绩效管理

设定科学合理的组织目标、部门目标和个人目标，为集团企业员工指明努力方向。管理者则可以通过绩效辅导沟通及时发现下属工作中存在的问题，给下属提供必要的工作指导和资源支持，下属通过工作态度以及工作方法的改进，保证绩效目标得以实现。

5. 资金管理

资金流动性对企业越来越重要，资金管理的关注点从资金池越来越向营运资金管理、产融结合发展。通过新的管理工具、模式创新，可以协助财务部门以资金为抓手更多地参与到整个运营环节，使得业财一体变得更加容易，最大限度地实现资金的安全、效率、效益管理。

6. 管理会计

针对互联网环境下客户需求呈现小批量、个性化趋势，集团需要对内部责任组织进行细化，建立绩效评价体系，从而激发经营活力。在智能制造模式下，成本核算更加精细，支持定价决策，支持多维度价值分析。

7. 人力资源

通过移动应用，管理层把所有员工“装进口袋”，看透组织、看透员工、掌握动态，人人都成为HR专家；通过员工轨迹、移动考勤、及时考核等创新，将组织经营目标与员工行为管理相结合，提升战略贯彻能力。

8. 资产管理

通过利用资产运行大数据实现智能化运维，及时通过信息互通实现资产智能调拨，充分利用产能；以核心战略资产为中心，实现运营管理的精细化，提升价值创造能力。

9. 财务共享

通过工作流程优化、影像管理、移动应用等技术，支撑财务共享服务中心运营，实现财务管理模式创新，优化核算财务、战略财务、业务财务之间的结构比重，为集团的业务发展提供平台化服务。

10. 项目管理

从项目经济业务管理、现场管理两个角度实现多项目的管控，纵向上实现各管理层间的管控协同、多维度的穿透性管理；横向上有效打通各管理环节的业务链，持续改进项目质量、进度、成本，以最小的资源投入，实现项目效益最大化。

11. 采购管理

通过横向与纵向互联，推动财务业务的协同与一体化，有效管理供应商信用，优化集团现有的资产配置，实现对集团采购活动的精准管控和智能分析。

12. 合同管理

合同管理包括合同立项、起草、授权、合同用印、合同登记、合同变更、合同结算、合同存档、履约管理、纠纷管理、合同查询分析等，是企业经营管理工作的重要内容，将规范流程化，管理合同的签订和执行，能够有效调高效益、规范标准、降低风险、优化管理。

13．营销管理

充分利用第三方电商服务，对 B2C、B2B、B2B2C 以及 O2O 等多种业务模式进行有机融合和管理，提升营销竞争力。

14．风险内控

通过完整的风险评估流程，以评估结果作为内控评价与内控审计导向，全面整合内控信息，实现多层级、多业务企业内控工作上下协调、规范统一，确保风险、内控和事件信息透明、可视，及时报告、应对。

15．主数据管理

通过建立主数据管理模型，在集团层面对企业各类主数据进行集中管理，使企业内部各系统的主数据传输逻辑架构稳定、高效。推动关联部门的信息互联互通，消除信息孤岛，实现最大限度的数据共享，为领导提供更及时、准确的统计分析数据。

3.2 财务数字化转型

3.2.1 财务数字化转型面临四大机遇与挑战

财务数字化转型是实现企业数字化转型的重中之重。企业财务数字化转型由内部管理需求驱动，以新一轮产业升级为前提，以政府政策为催化剂，以技术变革为实现基础。

1. 新一轮的产业升级，加速财务数字化转型

新一轮产业的转型升级对财务工作提出新的要求，财务走向业务，业财融合，财务共享中心正在逐渐走向普及，这种普及为财务工作的创新和转型打下了坚实的基础。

2. 企业内部管理需求拉动管理会计创新，这成为推动财务升级与变革的另一只手

管理会计是企业战略、业务、财务一体化最有效的工具，其发展核心主要是来源于企业的内部管理需求。在日益严峻的经济压力下，企业面临着更加迫切的战略转型、管理精细化、风险管控以及产业结构优化的需求，将管理会计应用于实践，必将在推动企业技术创新、管理创新、资源优化配置等方面发挥越来越重要的作用。

企业管理的精细化要求也使得财务管理部门的职能发生巨大变化：业财融合、管控升级、消除冗余自动核算、效率提升。财务处理过程标准化、流程化、自动化、智能化，使财务“三支柱”成为可能（如图 3-7 所示），进而推动财务职能转型。

3. 政策环境驱动财务数字化转型

2015 年 12 月，国家提出了关于供给侧改革的方针政策，旨在改善不良产能，扭转低端供给，调整供给结构，寻找并

刺激新的经济增长点。供给侧改革的背景，促使企业财务管理理念发生了变化。低端产能过剩的现状迫使企业不得不放弃投资的单一模式，探索创新之路，使得企业财务管理向精细化财务管理、财务风险防控和优化资本结构方面转型，降低财务资源占用，释放流动性资金，加强成本控制，划小核算单位，降低成本，增大权益资本，降低财务风险，推进企业财务管理信息化与智能化。

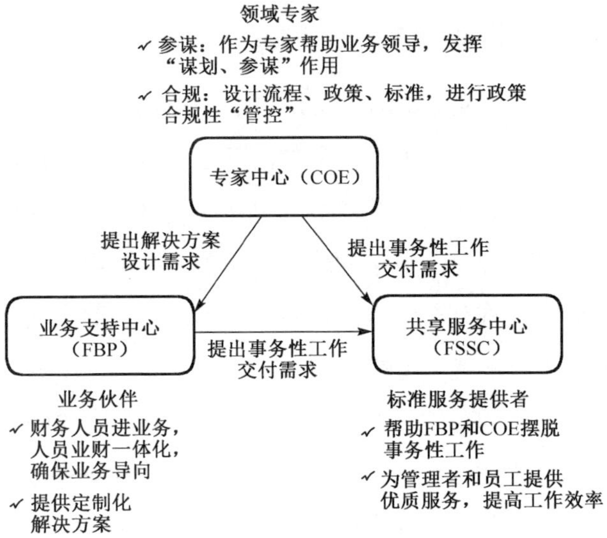

图 3-7　财务“三支柱”模型

4. 新 IT 技术为企业财务信息化的变革提供了技术基础

在“互联网+”时代，新技术正彻底地改变着会计行业，也为财务职能的转型提供了技术支撑。如图 3-8 所示，伴随信息技术的发展，财务管理经历了不同的阶段，大致有四次转型：在 PC 时代，以单机版的会计电算化为主；到了互联网时代，则以集团财务为重点，支撑规模化经营和集团管控；进入云计算、大数据时代，财务的管理模式和工作重点发生了很大变化，管控服务型的财务共享与云计算、大数据、移动互联网等新兴技术有效融合，通过流程的变革、职能的转型、专业化的分工，进入财务云的新时代；而在智能财务时代，随着大数据、智能化技术的应用，AI、RPA 等技术逐步进入财务的日常工作，财务的核心逐步向管理迈进。

图 3-8　财务管理信息化进入新阶段

信息化的发展使得业务和财务之间的界限消失，财务部门高度专业化，进而演变成为数据处理部门，企业在信息系统的建设投入逐步增加，最终导致基层财务人员减少，更高端、更专业化的财务人员产生，如图 3-9 所示。

总而言之，企业管理在管控风险、精细化要求、优化产业结构方面的内部需求是财务数字化转型的核心动因，整体政策经济的大背景和现代信息技术的支撑共同促进了企业财务管理在财务职能和财务人员要求等方面的转型过程（如

图 3-10 所示）。

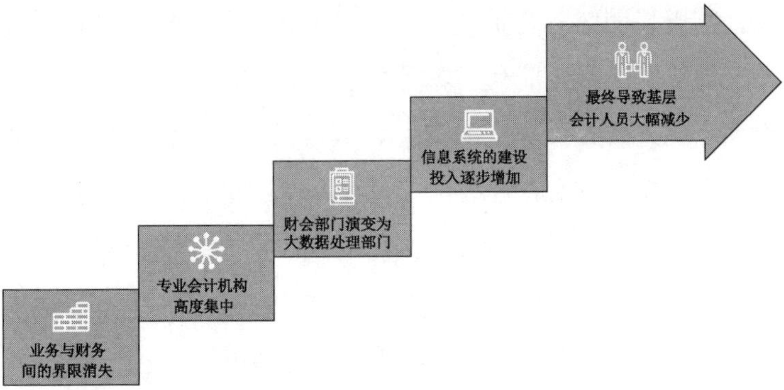

图 3-9　信息化的发展对企业财务的影响

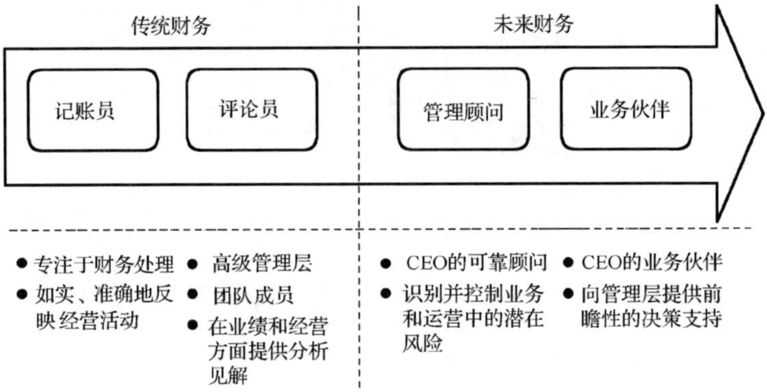

图 3-10　财务管理转型升级

3.2.2　新工具助力财务实现数字化转型

新一代 IT 技术推动了企业变革与创新，推动财务共享走向普及。企业向互联、共享、智能的云财务时代发展：移动互联网改变了企业组织形态，进而满足了财务共享实时化办公的需求；在新技术的推动下，智能化和数据化的财务共享势不可挡。互联、共享、智能的财务共享模式，也必定能够反过来促进企业财务数字化转型。

1. 财务云：财务数字化转型的技术支撑

云计算包括后台硬件的云集群、软件的云服务、人员的云共享等。云计算将在硬件、软件等多方面为企业财务管理带来价值。硬件方面，云计算通过充分共享网络硬件资源，利用云基础设施有效降低财务系统的 IT 投入。此外，通过云存储，也可降低存储成本。软件方面，云计算能够免除企业的软件开发成本。财务本身可以理解为服务端，为大量的客户端提供云端服务。基于云架构的财务管理系统可以快速、简便地对接商旅云、发票云、采购云、营销云等公有云或合作伙伴的云平台，实现企业的全互联，构建商业新生态。

企业通过上云共享，实现多云融合，连接客户与供应商。企业流程由内部延伸到整个产业链，建立更全面的端到端流程，实现产业链协同。与供应商、客户以及物联网的连接，能够推动企业业财融合，实现业财税一体化。

2. 财务共享：管控服务型共享为财务数字化转型奠定基础

企业在向数字化转型的过程中，财务管理转型的价值将愈发凸显。财务共享中心是企业数字化转型应用的具体层面，是财务部门数字化转型的具体实践。大数据、电子发票、会计电子档案以及人工智能的应用，为财务数字化转型奠定了基础，会计处理自动化、业财税一体化成为趋势。建设财务共享中心不仅能够实现财务集中，而且更重要的是推动财务数字化转型，最终支持企业数字化转型。

企业建造一个财务共享中心（Financial Shared Service Center, FSSC），是将企业原本分散在各业务单元的日常性、重复性、程式化、通用性的工作放在人力成本较低的地区进行集中处理。财务共享中心不仅能降低人工成本，发挥标准化和专业化优势，还能使各业务单元腾出更多精力用于核心业务，这已被许多大型集团企业，尤其是跨国企业采用。

企业数字化转型，财务共享先行。

财务共享服务从管理、组织和数据三个方面为企业财务数字化转型奠定基础（如图 3-11 所示）。财务共享服务既能使内部流程制度标准化，也能实现财务职能的专业化分工，又能充分利用大数据技术构建共享中心，这些都为企业实现财务数字化转型提供了良好的开端。可以说，财务共享是推动财务数字化转型的起点。

以财务共享为核心的新财务，在财务职能上和以往相比有如下几个转变：从注重结果到注重过程，从管控到管控与服务并重，从格式报告到智能决策，从业务监督到战略指引，从业务记录到价值创造(如图 3-12 所示)。在大共享时代，对于集团企业而言，管控服务型财务共享势必会扮演越来越重要的角色。

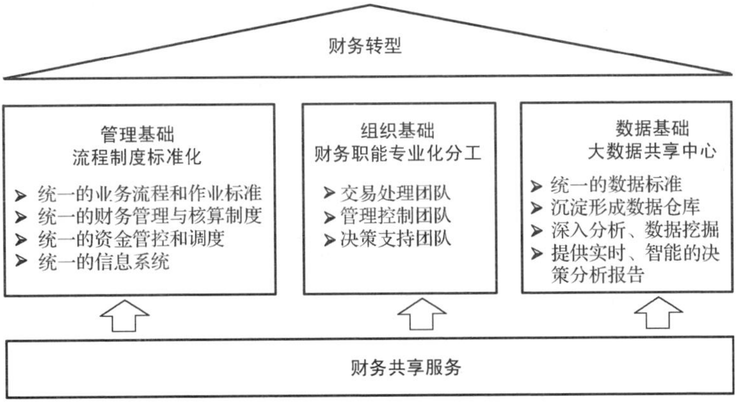

图 3-11　财务共享为财务数字化转型奠定基础

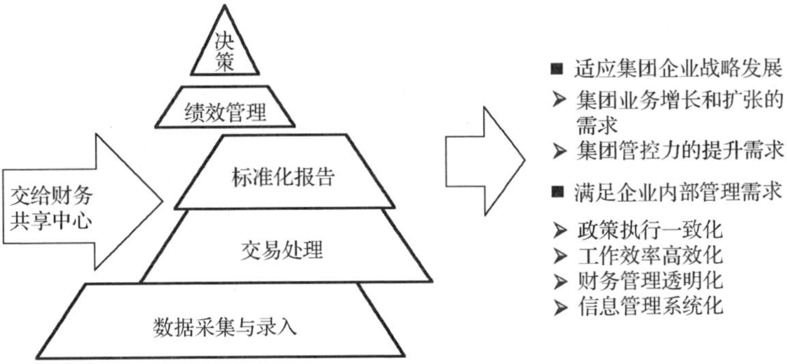

图 3-12　财务共享领衔大共享时代

管控服务型财务共享是大型集团企业通过建立统一的财务共享中心，将企业分散在各个区域的运营单元中易于标准化和规范化的财务业务进行流程再造与标准化，集中处理，降低成本、提升业务处理效率，同时借助共享中心的数据及流程支撑，纵向上加强对下属运营单元的管控力度，横向上向业务进行延伸，实现财务业务一体化，全面支撑集团企业的管理决策，更好地为经营管理服务。

（1）管控服务型财务共享与传统财务共享的区别

相对于传统财务共享专注于提升效率，降低运营成本，局限于服务、效率、规模三个方面，新型的管控服务型财务共享以“借助共享模式、加强财务管控”为核心，打造“柔性共享、精细管控、业财一体”的新模式，帮助集团企业实现共享中心与财务管控之间的深度融合。管控服务型财务共享与传统财务共享都是建立在信息技术及系统之上的。不同的是，它的管理目标有两个：一是通过提高集团企业的制度标准化、运行流程简约化程度，实现降低成本、提高效率的目标；二是强化集团内部的集中管控，降低运行风险。管控服务型财务共享更强调管控和服务并重，而且管控是首要目标。在企业日常经营活动中，管控组织是相对刚性的，是业务执行的保障，通常来讲，财务共享中心的建立不应该破坏原有的业务管控体系，原有的独立核算主体不变、财务管理监督权不变以及成员单位的财务审批权、资金所有权及使用权保持不变，共享中心是服务组织的，可根据企业的特点灵活设置，提供的服务内容也可以按需规划，强调管控组织和共享中心刚柔并济。

相较于以费控系统为主的一般服务型财务共享中心，管控服务型财务共享中心的工作流程不是以报账为起点，而是业务驱动的，即先有业务后有财务，强调横向的业务财务一体化管控，其信息化更加强调与业务系统的集成。在原有集团财务及 ERP 系统的基础上，建立共享平台与业务系统的横向连接，包括由业务系统发起报账流程及从报账系统追溯业务单据，提供全价值链的财务管理服务（如图 3-13 所示）。

图 3-13　传统财务共享与管控服务型财务共享的对比

管控服务型财务共享中心的建设与一般服务型财务共享中心相比较（如表 3-1 所示），除了管控与业财一体化上有很大不同，还有其他特点。从发展背景与动机、价值创造、组织定位、组织发展、组织考核、人员来源、职能角色、选址、信息系统几个方面进行对比，管控服务型财务共享中心不需要选择一个独立于总部和下属单位以外的第三地作为办公地点，可以在原有的集团财务管理机构的基础上进行适当的财务组织变动而形成。

表 3-1　管控服务型财务共享中心与一般服务型财务共享中心对比表

战略定位	一般服务型财务共享中心	管控服务型财务共享中心
发展背景与动机	经济发展缓慢和全球化扩张的产物，成本因素是企业推行财务共享中心所考虑的首要因素，泰勒主义和福特主义是其存在的理由和根源	经济迅猛发展、企业集团规模迅速扩大、财务监管理念和手段落后，财务核算“被空心化”

续表

价值创造	效率提升、运营成本降低、服务满意	财务信息质量提升、财务风险可控、战略支撑
组织定位	趋向成为独立运营的利润中心，将盈利性作为重要的业务发展依据	主要面向集团内部进行业务扩展，强调业务的可靠性和稳定性，对于规模扩张和盈利性要求并不突出
组织发展	独立的服务机构，企业服务资源共享	集团财务部下属职能部门之一
职能角色	去职能化，定位于基础性服务平台，只是在服务水平协议框架内考虑其追求的主要目标——服务、效率和规模	管控模式仍立足于财务领域和职能，并在提供财务共享服务时考虑企业集团内部其他专业性财务管理要求
选址	考虑成本、地方政策支持、人力资源、人员成本、综合办公成本、城市基础、IT设施等因素，综合考虑后选址	一般前期选址在总部所在地
信息系统	财务共享系统趋于独立，系统设计重视业务人员的操作便捷性	系统设计重视业务流程的协同性，财务共享系统与ERP系统有机集成

（2）管控服务型财务共享中心的优势

集团企业建设管控服务型财务共享中心的主要优势体现在强化风险管控、统一信息平台，促进财务数字化转型和降低财务运营成本。

建设管控服务型财务共享中心，有助于集团企业强化风险管控。通过集中审核、统一标准、规范流程等，使得财务业务处理得更规范、有效，实现合规性风险的降低。通过账务集中处理、资金支付全流程监控，强化财务信息准确性和资金支付安全，对降低运营、管理、财务风险有着极为重要的现实意义。在以往的运行组织中，由于技术手段的局限，一线部门管理流程独立，总部的监管只能通过报表和举报发现问题后，才能形成监管干预。特别是对费用、资本性支出等重要资金流出的敏感环节，总部根本无法实时监控，更加难以获得准确的动态信息。

管控服务型财务共享中心能满足集团的集中管控要求。企业达到一定的规模后，分支机构众多，管控服务型财务共享中心能够解决集团内部共享财务机构重复建设和运行成本与效率失衡的问题，降低成本，提高效率。企业对风险管理的要求较高，管控服务型财务共享中心能够帮助企业实现流程的科学化、标准化以及制度的强力执行。每个分支机构的财务事务能够按照统一的规则和流程处理，可复制、可批量处理，实现流程优化。如果企业多元化、跨区经营，可以按行业或者区域建立财务共享中心，也可以在总部建立统一的财务共享中心，支持企业规模的快速扩张。

目前成功实施管控服务型财务共享的集团企业通过共享平台，贯彻执行集团财务战略，强化总部对分/子公司的管控力度，有效降低集团企业整体的运营风险和财务风险。

3. 财务中台：促业财融合，内聚外联，满足以用户为中心的持续规模化创新

为了响应和引领客户需求，企业应不断探索和创新业务模式，前端的销售、运营、服务等业务部门应及时响应，这些都对财务部门提出了更多资源需求和快速响应的要求，只作为后台资源稳速运行的传统财务已经无法支持前台的快速变化。企业需要组建一个能够快速响应前台需求的财务中台，按照前台需求，实时配置财务资源和提高业务支撑力，加强

财务内聚外联、协同运营的能力，满足前台以用户为中心的持续规模化创新诉求。

财务中台需要具备敏捷的组织配置能力、灵活的业务支撑能力、高效的数字化协同运营能力和财务大数据应用能力，以财务共享为核心构建财务中台已经成为企业财务应对变革的最佳路径。

（1）敏捷的组织配置能力

财务共享中心通过对各成员单位的业务进行分析、归纳，形成专业化财务岗位，支持前台对经济业务的处理。敏捷的财务共享中心在不增员情况下能够支撑企业更大规模的扩张和高速发展，独立考核的财务共享中心为集团企业成员单位提供标准、准确、高效、公正的财务服务（如图 3-14 所示）。

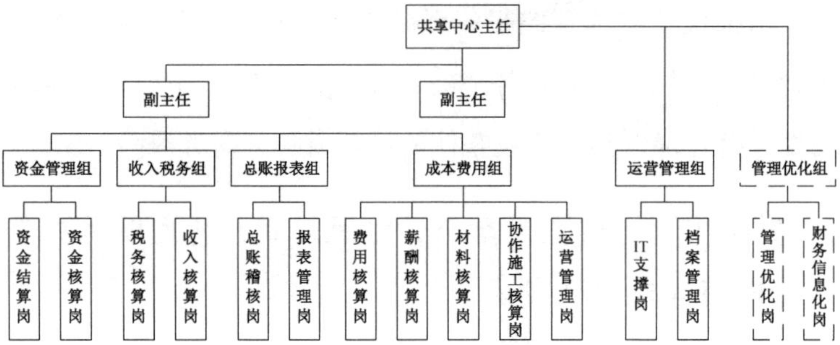

图 3-14　财务共享中心示例

（2）灵活的业务支撑能力

财务中台在分析前台业务后，形成业务标准化管理流程、管控点和岗位职责分工，当前台业务有创新变化时，财务中台能实现高配置力和快速响应，提供核算、结算、税务、报表等服务，集管控与服务于一体，避免灵活多变的前台业务对后台财务的冲击。

（3）高效的数字化协同运营能力

财务中台横向上连通业务部门与财务部门，纵向上打通集团、分/子公司、部门的协同运行，并且与外部银行、税务、商旅、监管机构实现互联互通，打通企业的“数据供应链”，为企业数字化协同运营奠定坚实基础，为高层提供高质量数据。

数字化协同运营平台需要依托一个软件平台，整合前、中、后台资源，面向前台提供一系列服务，如财务共享、资金管理、税务管理、管理会计等。浪潮的财务中台系统，可以提供智能报账平台（涵盖各类对公、对私业务，配套影像、AI、移动互联等各类新技术）、合同管理平台（管理各类合同，发挥合同主线作用）、工作流平台（各类灵活的工作流程可以满足企业内控需要）、共享服务平台（满足组织变革）、集成开放平台（支撑前后台集成对接，满足系统一体化需要）、管理会计平台（多维度成本核算及利润考核）等信息化系统，全面满足企业做大财务中台的需要，更好地支持前台业务发展（如图3-15所示）。

（4）财务大数据应用能力

通过构建业财资税一体化财务中台，打通企业数据供应链，扩展以前基于财务核算的数据范畴，为管理提供“数出一门“的共享数据服务。基于海量的业财融合数据建立数据仓库，充分发挥业务数据和财务数据的聚合效应，分场景建模，为企业决策提供智能化数据，以支持业务发展。

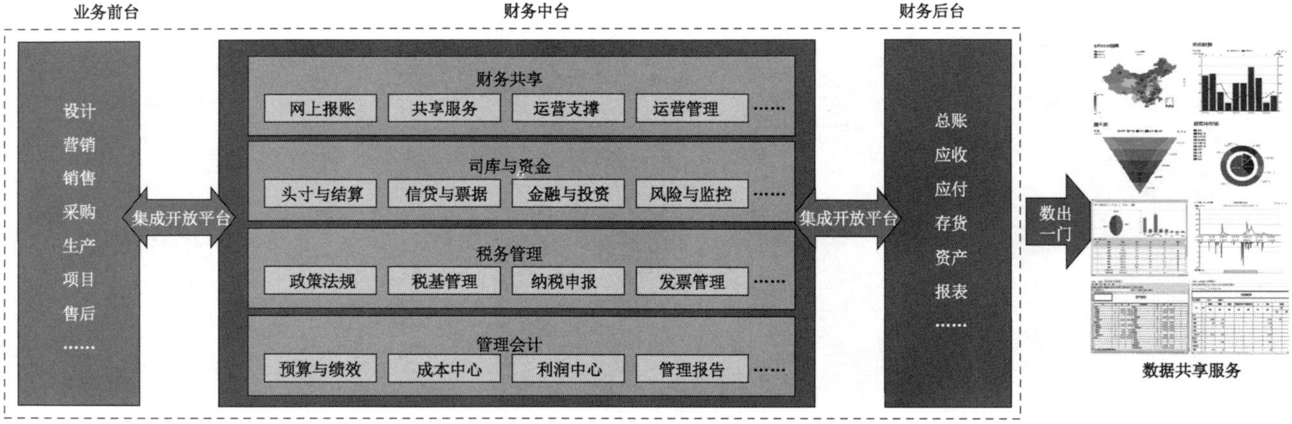

业务前台
财务中台
财务后台
设计
营销
销售
采购
生产
项目
售后
……
集成开放平台
财务共享
网上报账
共享服务
运营支撑
运营管理
……
司库与资金
头寸与结算
信贷与票据
金融与投资
风险与监控
……
税务管理
政策法规
税基管理
纳税申报
发票管理
……
管理会计
预算与绩效
成本中心
利润中心
管理报告
……
集成开放平台
总账
应收
应付
存货
资产
报表
……
数出一门
数据共享服务

图 3-15　财务中台架构

4．智能财务：对话式 UI、AI、RPA 等

科技的每一次巨大进步，都会给工作和生活带来重要影响。人工智能、大数据、区块链、物联网……史无前例的技术革命正扑面而来，加速开启一个崭新的智能时代。

当前 RPA（机器人流程自动化）、人工智能、机器学习等技术为机器人注入了学习、模仿、分析的能力，移动应用的发展拉近了人机距离，语音识别、语义分析和人脸识别技术为人机交互创造了条件。在浪潮看来，人工智能真正的价值体现在与数据深度融合，帮助企业实现流程优化、管理变革、业务创新，让人工智能辅助企业做出管理决策。人工智能应用在企业服务领域，可以通过大数据实现企业智能化管理、多维度分析、可视化运营，推动企业走向智能化。

企业财务工作要面对企业众多的流程以及庞大而复杂的数据，这在给财务职能部门提出挑战的同时，也为企业提供了分析业务的重要机会。具备更强大预测功能的分析工具不断地推陈出新。例如不久前，“四大”会计师事务所之一的德勤会计师事务所推出的“德勤财务机器人”就引起了广泛关注。

财务机器人作为一类虚拟机器人，不同于工业机器人等实体机器人，是一种基于规则的软件，它通过执行重复的、基于规则的任务，将手工财务操作或流程进行自动化处理。和人相比，财务机器人的优势就在于，它可以按照既定的流程，不知疲倦地工作 7*24 小时，而且减少人为操作误差。财务机器人将财务人员从大量重复性的记账、审核等低附加值

工作中解放出来，使他们有更多的时间去做财务决策等高附加值工作，为企业创造更多价值。

基于目前常见的集团财务职能划分，“财务机器人”这样的智能化技术最容易发挥效用的地方在交易型财务处理及内部风险管控两大部分。尤其对于依托财务共享模式进行企业财务管理转型的企业，财务共享中心的主要职责恰恰就是进行交易型财务处理及部分控制审核，再加上特有的标准化及流程化，使得财务机器人具备了良好的应用环境。

财务机器人的有效应用应该建立在企业内部具备一定标准化、规则化的前提下，而这也正是企业要优先考虑建设财务共享中心的原因。通过持续地推进标准化作业，规范业务处理流程，再做财务机器人，才能收到良好的效益。

智能财务将给财务数字化转型带来两方面的深入影响：从业务视角看，智能财务有助于业务与财务的深度融合，让业务人员懂得他们的每一个动作都会对财务产生影响；从管理角度看，智能财务让管理者心中有一本“明白账”，这为下一步管理会计更好地发挥规划、预测、决策、控制、评价等功能提供了大量真实、可靠的信息，进而让分析更精准、管理更高效。

传统的报销不可避免地要进行填单、粘贴发票等烦琐的流程。现在的报销只需要对机器人说“我要报销”，接下来的一切都由机器人完成。

5. 财务大数据：业财融合，提供高质量财务大数据

财务共享中心首先是聚集了企业财务方面的信息和数据，而业财一体化的财务共享中心则纳入了企业的业务数据，这使财务共享中心实质上拥有和管理了企业几乎全部的内部经营数据，在此基础上辅以互联网数据和企业内部的物联网数据，就构成了完整的企业大数据（如图 3-16 所示）。

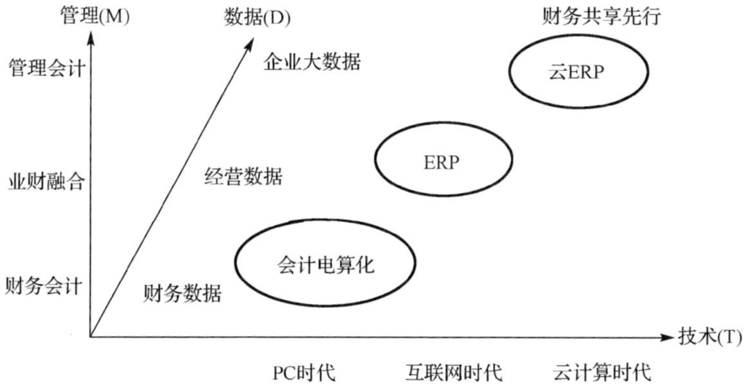

图 3-16 财务共享成就企业大数据

依托数据提供决策支持是企业财务部门长期以来努力的目标，财务共享服务和大数据的结合，推动了这一进程。财务共享中心自身运营管理的专业化弥补了传统财务部门在数据处理专业化能力上的不足，为财务部门承担数据管理职能提供了可能性，推动财务会计向业财融合和管理会计转变。

首先，当财务共享中心具备了数据管理基础和技术手段后，绩效分析、预算分析、盈利分析等都将成为可能。在这种模式下，财务共享中心将从原先的费用中心、报账中心、

结算中心衍生出数据中心的职能。其次，在财务共享服务流程中，从销售到收款的流程皆与客户有关。在该流程中，分析客户付款行为、评估客户信用等级、洞察客户信用风险、预测信用额度等策略对销售收入乃至整个商业模式的影响都意义深远。

3.2.3 财务数字化转型实践

作为我国三大国际枢纽机场之一，广州白云国际机场股份有限公司（简称“白云机场”）由广东省机场管理集团的优质资产组成，是经营机场的专业公司。近年来，白云机场已奠定了面向东南亚及大洋洲的第一门户枢纽地位，它以亚太、大洋洲和非洲地区为主，逐步覆盖欧美等地区的航线网络布局已经初具雏形。

在“智慧机场”建设方面，白云机场一直走在国内同行前列。尤其是在智慧企业管理方面，浪潮云 ERP 推出的管控服务型财务共享中心方案与白云机场财务信息化建设思路不谋而合，双方在 2017 年合作，共同推进的财务共享中心，有力地支持了白云机场向智慧机场的转型升级。

1.“一点式”财务共享中心构筑智慧机场基石

“智慧机场”建设倡导打造集机场运行管理、安全监控与商业服务于一体的数字化与智能化平台，来优化和提升旅客出行体验。白云机场基于财务管控模式，打造了具有业财一体、一点出报、一盘棋管理三大亮点的“一点式”管控服务型财务共享中心。通过基于核算模式推进业财一体化建设，实现绝大部分业务会计核算自动化，统一出具各类报表，完善会计核算稽核、资金稽核及财务检查工作体系，强化白云机场的管控力度，保障资金安全，建立起高效精干的财务共享中心队伍。

（1）业财一体，打通横向业务管控

白云机场的财务共享中心实现了同资金系统、现有财务系统等的集成，建立了财务系统与业务系统的直连互通，成为收入、结算统一的平台，打通了横向业财一体化管控。

（2）一点出报，提升共享服务效率

财务共享中心在核算自动化基础上，为各级公司在每月月初统一关账，实现整个公司核算业务集中控制。在关账后，由财务共享中心统一出具报表，为白云机场的核算单位按月出具财务报表、内部管理报表和税务报表，并统一推送给各分/子公司，大幅提升了工作效率，保证了数据口径的一致性和数据的准确性。

（3）一盘棋管理，加强集团风险管控，规避下属单位操作风险

白云机场通过财务共享中心的建设，持续完善公司标准化和规范化管理系统，以及人员的集中管理，在实现全集团核算集中化的基础上，更加有效地减少、控制违规操作。财务共享中心直接向总部汇报，严格执行集团各项制度，提高业务操作的准确性、及时性和真实性，增加数据透明性，有效规避了下属单位在账务处理方面的个性化，提高了集团整体风险管控能力。

2．依托大数据分析支持智慧决策

白云机场使用财务共享系统后，有数万条信息陆续进入财务共享中心，其中财务核算数据量达到十万级，同时财务共享中心支撑了数千注册用户的日常业务处理。随着大量的白云机场维护运营数据、收入结算数据、财务核算数据逐步沉淀到财务共享中心，利用大数据技术在决策优化、绩效提升及客户视角的应用方面发挥财务共享中心的数据价值，成为白云机场财务共享中心深化应用的新目标。

3.3 人力数字化转型

3.3.1 智慧企业时代，呼唤人力资源服务化升级

随着云计算、大数据、人工智能等新技术推动企业的数字化转型，企业更加扁平的组织、更加灵活的工作方式，推动了企业的社交化进程；人工智能的加入推动了企业的智能化进程；随着企业对外部焦点的关注，职能式管理模式到团队网络式协作方式的转变推动着企业的生态化进程。

企业社交化、智能化、生态化的变化颠覆了传统人力资源管理模式，这成为人力资源服务转型的加速器。在新的经

济时代中，人力资本是价值创造的基础，员工成为公司最核心的资产，企业人力资源管理转型呈现出“人才战略转型”“组织模式转型”“员工服务转型”“技术驱动转型”的发展趋势。

1. 趋势之一：人才战略转型

从传统的“战略版图决定组织版图，组织版图决定人才版图”到“愿景驱动人才，人才驱动战略”。人力资源管理回归核心：找到关键人才，发展关键人才，驱动关键人才。

2. 趋势之二：员工服务转型

越来越多的企业意识到员工服务转型的重要性，员工体验影响客户体验，HR 的工作重心在完成核心人力资源管理工作后，开始了以“取悦员工”为目标的员工服务转型，“80 后”“90 后”员工增多，新技术快速发展，催生员工满意度成为企业核心竞争能力。

3. 趋势之三：组织模式转型

HR 部门模式转型提速，从“选、育、用、留”模式，到“三支柱”模式建成标配，即业务伙伴（HR-BP）、共享中心（HR-SSC）、专家中心（HR-COE）。理论照进现实用了 10 余年。

4. 趋势之四：技术驱动转型

互联网技术与移动技术将驱动人力资源转型，新的技术与交互界面为员工服务带来新的方式和体验，技术驱动力从被动型驱动转变为主动型驱动。

因此，人力资源服务化转型已经是人力资源发展的一个重要趋势，企业需要越来越关注员工体验，不再将管控作为人力资源工作的唯一重心，需要为员工提供优质的人力资源服务，通过提供优质的人力资源服务，使员工在单位工作得更加开心，更好地回报企业。

3.3.2 人力资源数字化转型驱动企业价值再造

数字化企业的社交化、智能化、生态化进程和人力资源发展的四个趋势正迅猛地推动着企业人力资源管理从管控走向服务化。当前，企业人力资源正从“全员服务”走向“业务服务”，并开始跑步进入“生态服务”，企业将聚焦更多与人力资源相关的外部周边系统，与现有的人力资源管理系统进行整合，使企业能够快速、方便地通过 HR 系统获取到外部资源和服务，同时为外部资源提供 HR 支持，打造智能、生态的人力资源服务圈。

人力资源的服务化要经历“全员服务”“业务服务”和“生态服务”三个阶段。

1. 从全员服务到业务服务

人力资源服务转型升级，开始定位于全员服务，让人力资源管理走出人力资源部，向员工提供人事、薪酬、考勤、绩效等核心模块、不同角色的服务，如员工自助业务处理、全员参与绩效管理、自助填报培训需求等，为高管、直线经理人、员工提供服务。

2. 社交化特性，提供全新的员工管理和沟通平台

互联网时代，越来越多的企业意识到员工服务转型的重要性，开始琢磨怎么“取悦员工”。通过企业社交化的特性，建立员工、经理人和 HR 专业人员之间新的沟通方式，实现员工管理与服务全方位的在线化、移动化，既不因员工服务项目和内容的丰富多样显著增加 HR 人员的工作量，也不因各类员工管理工作的专业化和精细化给经理人和员工增加额外的负担。

3.“管控+服务”双核心，增强组织共享能力

通过“管控+服务“的双核心理念，连接高管、部门经理、员工、候选人，为全员提供招聘、人事、薪资、考勤绩效、培训及自助服务等多种云应用，实现人力资源移动化、扁平化、社交化，让人力资源管理走出人力资源部，发挥人力资源管理的真正价值。

4. 深度融合 AI 等最新技术，提升 HR 服务价值

在人力资源管理领域，企业通过深度融合业务处理与人工智能，运用身份识别、人脸识别、批处理等技术，可以为员工提供证明自助打印、简历筛选、面试安排和通知、考勤数据自动统计等功能。以时间管理来说，人工智能可自动处理员工签到、请假、出差、加班、补签、排班等考勤业务，并向管理者提供考勤看板，帮助高管随时随地掌握团队出勤情况；通过员工自助打印，可 24 小时自助打印企业在职证明、资信证明以及涵盖各大银行模板的收入证明，为员工提供更加暖心的关怀与服务。

3.3.3　企业人力资源数字化转型的建设要点

1. 人力资源服务化转型现状

企业的人力资源服务化转型并非一帆风顺，我们可以看到：

① 大量的企业还挣扎在人员信息准确与薪资数据准确：国资委报告，目前大型央企整体人员信息准确率仅为 83%；大量的企业仍旧靠数据的手工调整，薪酬的手工计算来保障决策数据的准确性。

② 企业一把手、高管仍然看不到人力资源管理系统投资的价值：仅仅 3%的企业一把手在使用人力资源管理系统；高管仍旧靠纸质报告、过时的数据进行战略决策。

③ 员工体验不到人力资源管理系统的便利：31% 的企业搭建了员工服务系统，但仅有 9%的企业员工服务系统活跃；大多数企业仍旧在管控员工而不是服务员工；移动、互联网技术的发展没有让员工感受到便利。

④ 信息化系统的孤立使人力资源管理系统成为人力资源部门级系统：人力资源管理系统没有成为企业整体系统的一部分，没有发挥出真正价值。

2. 人力资源管理系统建设的实践与思考

如何跨越理想与现实的鸿沟，浪潮结合与大型企业合作的众多实践，并结合业界发展提出五点思考。

观点一：建设涵盖管控理念的一体化管控平台是集团企业人力资源信息化建设的首要目标。集团企业需要统一标准的业务和数据平台，消除数据孤岛和资源壁垒，拓宽有效管理范围；建成自上而下的穿透各层级的管理体系，减少管理扭曲。人力资源管理业务也要实现流程标准化、工作流自动化、管理工作系统化、运作协同化，通过信息化系统实现规范和制度，提高工作效率。

观点二：人力资源"三支柱"建设是现代化人力资源体系转型的重要支撑。人力资源"三支柱"模式实现了企业人力资源管理从与组织战略对接，统一的政策制度设计，到业务单元的政策传导、理解、本地化的政策执行，再到区域与业务单元共性的事务性工作的集中高效处理与执行结果的数据分析与反馈，来持续提升 COE 与 HRBP 工作的科学性和实用性，形成完整的管理闭环。人力资源共享中心作为人力资源管理工作的新模式，越来越受到大型企业的青睐，越来越多的企业在进行人力资源组织的变更，由原来的“选、育、用、留”模式到“三支柱”模式，人力资源“三支柱”建设是现代化人力资源体系转型的重要支撑。

观点三：好的外部体验是共享服务成功的唯一标志。这就要求人力资源管理必须为全体员工、部门主管、高层领导及业务决策者打造完整的人力资源管理架构服务体系。该体系通过触手可及的业务咨询服务、人员分析报表体系、技能差异分析模型帮助主管领导更好地组建团队，为全体员工更好地提供业务支持与服务。

观点四：引入人才盘点体系支撑核心人才战略转型。管理层可以通过对业绩和能力的衡量，形成企业人才管理九宫格，发现后备人才，形成人才梯队，支撑核心人才战略转型。直线经理也可以通过“绩效云”的团队绩效、人员九宫格等服务，掌握团队绩效情况，识别高绩效人才。

观点五：现代化的人力资源管理系统是一个集成化、移动化、智能化的系统。AI 在 HR 领域的渗透，体现在很多方面，包括：智能人岗匹配（招聘、人才管理）、电子区块链合约（劳动合同电子化）、员工服务机器人等。同时，人力资源管理系统也绝不是孤立的系统，需要与众多系统进行集成，以为其提供数据支持。

3. 人力资源数字化转型新工具

结合当前人力资源的现状，企业急需一个云端专业人力资源平台，一个新一代全 SaaS 人力资源管理应用。与通用的 SaaS HR 系统相比，新一代全 SaaS 人力资源管理应用能够完整融合时间模型、动态薪酬、实时考勤等大型专业人力资源管理系统的特性，提供个性化支持，满足集团企业的大规模应用，并内置人力资源共享框架，支持企业“人力支柱”及服务共享、事务共享等多种共享模式。同时 100%自主可控，可支持云端企业端部署双模式，确保企业数据安全，帮助集团企业进行人力资源管理转型。

云端人力资源服务化平台的具体建设内容如图 3-17 所示：

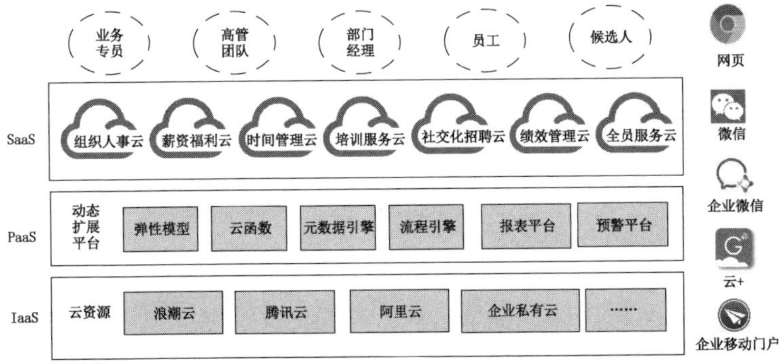

图 3-17　云端人力资源服务化平台

通过人事服务云、薪资福利云、时间管理云、培训服务云、社交化招聘云、绩效管理云、全员服务云这“七朵云”，链接“管控服务”的双核心，连接高管、部门经理、员工、候选人，为全体员工提供招聘、人事、薪资、考勤、绩效、培训及自助服务等多种云应用，打造最佳员工体验。

云端人力资源服务平台主要服务以下几个角色，其应用定位为：

① HR 专业人群：HR 总监、HR 经理、HR 主管、HR 专员、HRBP

目标与定位：聚焦传统的人力资源标准与流程的管控的同时，为其提供业务服务。

② 全员：高管、直线经理、普通员工

目标与定位：借助移动互联技术，为其提供灵动、优质的人力资源服务。

③ 潜在员工：应聘者

目标与定位：提升员工幸福感，从应聘开始，打造最佳雇主品牌。

3.3.4 企业人力资源数字化转型实践

1. 深圳地铁考勤案例

深圳地铁集团（简称“深圳地铁”）作为深圳市国有资产监督管理委员会授权经营的国有独资大型企业，是承担深圳市城市轨道交通投融资、建设、运营和国有资产保值、增值的独立法人实体。截至 2016 年三季度，集团总资产达到 2748.15 亿元。随着集团的快速壮大，深圳地铁员工人数也增长到 1.67 万人。此外，还有“2900+”活跃的地铁义工需要管理。数字经济时代的人力资源管理在发生着巨大变革，如何管理2万人左右的人才队伍成为深圳地铁破切要解决的问题，“互联网+”为人力资源服务化转型提供了一个很好的契机。深圳地铁携手浪潮 HCM，借助互联网的特性和技术，推动着集团人力资源管理模式由“管控”向“服务”转变。

（1）企业困境：人力资源的“信息孤岛”成为企业发展不能承受之重

由于深圳地铁内部各个职能部门之间没有直接相连，使得各种角色之间的数据无法沟通，导致无法实现人力资源各种业务之间的有效协同；同时，人力资源信息与企业其他信息系统的信息无法做到有效整合，导致在流程衔接上出现断层，数据方面也不能为企业提供统一的信息支持；由于手工操作和系统操作的规范和标准不统一，导致集团无法构建集中统一、时时更新、动态跟踪的人力资源数据库，“信息孤岛”现象严重。

内部员工调换岗位、义工报名及工作交接等不能快速、便捷的完成给企业带来诸多困扰，有时因为工作交接不完整还会给公司带来不可估计的损失。较为落后的人力资源管理模式，严重制约了深圳地铁的发展。

（2）依托浪潮 HCM 这一信息化职场新宠，深圳地铁的 HR 工作重心开始由“管控员工”向“取悦员工”转型

深圳地铁依托 HCM 系统，通过不同的角色平台支持内部员工全员参与应用，充分体现“人力资源管控系统+员工服务”的特色，在企业与员工之间、领导与员工之间建立起顺畅的沟通与服务平台，改善人力资源服务质量，进而提升内部员工满意度，实现全员共同参与、共享服务的目标。

① 解决了高管管理困惑。HCM 系统使深圳地铁人力资源关键预警信息实现自动推送。高管可随时洞察管辖范围内所有组织的人力编制动态，即时监控管辖范围内所有员工的变动趋势。

- 帮助高管发现和评价核心人才，确定管理人力布局及关键指标。
- 帮助高管快速洞察人工成本及人员生产效率，使之成为组织效能提升的重要依据和参考。
- 帮助高管快速洞察企业人员规模、员工流动趋势等信息，动态监控企业关键人力信息，有效执行公司业务战略。

② 取悦员工，提升其满意度。互联网时代，员工体验影响了客户体验，深圳地铁意识到员工服务转型的重要性，开始琢磨怎么“取悦员工”。浪潮 HCM 系统也将其作为重要的功能之一，并且 HCM 系统的社交化特性不仅打造了富有吸引力和充满意义的工作氛围，无形之中还将员工满意度提升为企业核心竞争力。

- 帮助员工掌握个人出勤信息，随时了解自己的考勤异常情况，及时做出相应处理。
- 帮助员工在第一时间了解当月薪资发放明细；对薪资扣款结果存在疑义时，员工可在第一时间自行核查。
- 帮助员工节约了与 HR 日常沟通的时间成本，且在关键时刻能为员工提供细致入微的情感关怀，提高员工满意度。

③ 个性化配置服务。随着深圳地铁客流的不断上涨，地铁义工在疏导客流和引导客运服务方面的重要性日益突出。密集的客流里，不时穿插着地铁义工帮助乘客答疑解惑、维护现场秩序的身影。“我不认识你，我要谢谢你”这是深圳义工之歌的歌词，同时也成为越来越多深圳地铁义工生活的真实写照。深圳地铁集团要对“2900+”个义工进行管理，最棘手的问题在于每个义工每天都是不定时、不定点出勤，对考勤的监管要求特别高，而移动考勤的方式完全满足了这一需求。除此之外，管理者可以直接通过移动端监管考勤情况，而能够支撑这一完全无规律性的考勤业务的是线下强大的HCM 系统，它极强的个性化配置能力使之能够配合各种不同场景的业务。

“互联网+”时代的变革，对 HR 管理者来说既是挑战又是机遇，HR 管理者应该抓住这个机会，实现自己的历史使命和担当。通过与浪潮 HCM 合作，深圳地铁实现了从“管控员工”到“服务员工”的转变，员工幸福度不断提升，还获得了“2014 年度中国幸福企业”的荣誉称号。据悉，这是深圳地铁集团在企业文化建设和员工关爱方面首次获得的国家级荣誉。深圳地铁集团也是全国轨道交通行业和市属国有企业首个获此荣誉的单位。

2. 百果园案例

中国“水果专营连锁业态”开创者——百果园，拥有线上线下一体化门店超过 3700 家，员工 30 000 余人，门店遍布全国 70 多个城市，2018 年收入超 100 亿元，市场份额在水果零售业位居第一。

对于多业务、多门类、多产品、多服务、多网点经营的零售分销企业，人力资源始终是一项值得高度重视的高流动性资产。它会随着业务的扩大而迅速延伸，渗透到企业采购、销售等企业经营管理的每一个环节，是企业良好发展的前提，为此，如何做好各门店人员的精准管理，成为企业亟待解决的问题。百果园选择了拥有多年企业管理软件开发经验，产品融合国内外成功企业的管理思想的浪潮云 ERP。浪潮集团基于浪潮人力云布局，为百果园量身打造了一套信息及时、多元服务、高效管理的 HR 信息化方案，它全面提高了人力资源管理效率，并为集团的经营决策提供了有力支撑，使百果园实现企业数字化转型。

（1）“指尖”考勤，让员工动向“尽收眼底”

随着公司的不断发展壮大，百果园的品牌影响力也不断提升，区域覆盖面逐渐扩大，但随之而来的管理问题也十分棘手：拥有数量庞大的人事体系，涉及线上、线下员工 30 000 余人，人员变动频繁；传统的考勤方式已无法满足考勤计算方式多样的销售需求，月末，人力专员需花大量时间重复统计、整理考勤数据，响应速度也大大打了折扣。

对此，浪潮为百果园打造了考勤体系，从完善百果园的人员信息入手，针对跨区域、门店众多、人员变动频繁等特点，把相同班制的人划分为一个考勤组，建立休假、加班、出差、补签单据的审批流程，并实现工作流与考勤功能的整合，审批过的单据自动进入考勤报表中，各类出勤情况一目了然，并可直接导出 Excel 表格，使统计更方便，极大地减少了人工工作量，提升了工作精度。

百果园全国 3700 多家门店的员工都可以在 HCM 系统上通过 GPS 定位进行移动打卡，突破地域限制，实现百果园门店全员签到，管理人员通过考勤看板，对签到、签退和外出情况一目了然，实时洞察员工动向，提高管理效率，解决了企业向考勤智能化迈进的一大难题。

（2）贯彻全员的绩效考核，激发员工积极性

百果园门店经理通过 HR 自助端，每日对员工进行评价打分，“小红花”为表现优秀，“小紫花”为待提高者，绩效考核结果每日进行统计分析，直接与薪酬挂钩，员工可随时查看自己的奖励账户，极大地激发了员工的工作积极性及工作热情。

“人力资源系统的建设使得百果园发现本身存在的种种不足，浪潮人力云的上线使用，使百果园的信息化水平达到了一个新高度，解决了困扰多年的管理问题，使 HR 工作效率提升了 3 倍以上，并极大地提高了员工参与度和满意度，有利于公司更好地组织人、财、物等资源，降低企业成本，提高市场竞争力。”百果园人力资源部总监肖晓明谈道。

未来，浪潮将继续与百果园携手，充分利用数字技术进行管理创新，加强模块与模块、系统与系统业务联动，提升人力资源管理工作效率，帮助百果园人力资源管理工作持续优化，向信息化、规范化、智能化迈进， 助力果品行业“新零售”。

3.4 营销数字化转型

3.4.1 企业营销数字化转型势在必行

数字经济时代，传统企业若想避免被时代发展的洪流摒弃，必须通过数字化转型，打破原有的陈旧、狭隘的营销思想，建立符合时代发展的数字化营销新模式和新策略。数字营销已成为企业数字化转型的关键点之一，并与生产制造、数字管理一起，成为数字企业重要的三个组成部分。

众所周知，在充分竞争的市场环境下，企业要想正常运营且超额盈利，就必须进行创新。创新就是对生产要素进行重新组合，从经济学上讲，创新不仅包含对技术的创新，也包含对营销的创新，数字营销就是典型的营销创新。

1．企业营销数字化转型的市场新变化

现代管理之父德鲁克曾表示，企业有且只有两个基本职能：营销和创新，二者产生成果和价值，其他都是成本。企

业无论是加大研发力度、提高生产效率，还是扩大销售范围、获取市场一线需求，其目的只有一个，那就是保证销售业绩的增长。

在保证销售业绩增长的同时，企业对内要兼顾做好自身产品的可持续发展，对外要兼顾实现与渠道、合作伙伴的共赢。为了缓解内外部的这些压力，企业借助层出不穷的新兴技术手段，在营销和创新上不断地寻找出路。

利用创新工具如何高效地管理营销团队？如何高效地管理渠道及销售终端？如何有效地触及消费者？如何利用大数据助力企业运营决策？这些都是在数字化转型中，企业管理者思考的重中之重。

数字经济时代，企业的销售渠道由线下扩展为“线下+线上”，新兴渠道不断出现，消费者的需求也变得更加碎片化和个性化。所以，数字营销首先需要把整合放在第一位，无论从内容的个性创意到渠道分发，还是从线下到线上再到线下，数字营销作为一个生态化平台，可以为企业整个营销过程提供一站式服务。

2. 企业营销数字化转型的技术趋势

移动互联网、物联网、云计算、大数据、人工智能、区块链等技术的强势发展，为企业的数字化转型提供了基础设施，也为营销提供了更多技术支持。数字化与技术化的本质仍是基于数据的，数字化营销尤其要基于人的数据。数字营销在技术上秉承“整合数字资源，技术驱动营销”的理念，有了技术的支持和数据助力，营销才能够更精准化、智能化、多样化，从而帮助企业提高营销效率，降低营销成本。

随着时代发展步伐的不断加快，营销领域每天都在不断地进化和发展，从单纯以产品为中心到围绕消费者为中心，从线下推广为主到如今以全渠道传播为主。通过创新和发展，数字营销已将技术、产品、资源、服务、创新等因素完美整合，打造闭环的数字生态圈，让企业营销得到过程简单但效果显著的智能提升。可见，在当今时代，数字营销领域已经逐渐平台化、自动化、闭环化和生态化，营销已迈入“智慧营销”时代。

3. 企业营销管理面临的挑战

市场瞬息万变，为应对残酷市场环境的挑战，数字化转型是企业做大做强的必经之路。对企业而言，数据、流程、业务模式相互交织、相互影响，内部调整牵一发而动全身。因此，企业在进行数字化转型时，基本都考虑将营销作为数字化转型建设的第一步。

所谓数字营销，就是指借助于互联网、移动通信和数字交互式媒体等技术来实现营销目标的一种营销方式。它是尽可能地利用先进的信息技术，以最直接、最有效的方式谋求新市场的开拓和消费者的挖掘，是实现营销对象精准化、营销效果可量化、营销过程数据化的一种高层次营销活动。

企业在营销数字化转型进程中，往往是理想很丰满但现实很骨感，会面临重重困难：

① 在移动互联网、云计算、大数据等现代信息技术的驱动下，消费者已经具备了随时随地获取、接收、浏览产品信息，购买产品的能力，这就要求企业必须能够将尽可能多的营销渠道进行组合和整合（跨渠道），从而具备让消费者能在任意时间、以任意方式获取任意想要商品的全渠道营销能力。

② 建设营销信息化系统时，大多数企业都是采用“头痛医头，脚痛医脚”的方式，心急火燎地上一套应对系统，比如应对经销商就上一套经销商管理系统、应对售后服务就上一套售后管理系统等。由于各个系统的供应商不同、技术架构不同，造成数据统计口径、实现方式都不相同，各系统之间数据无法同步甚至无法集成，形成信息孤岛。

③ 由于缺乏营销信息化系统的建设规划，导致企业系统分散，存在多系统的功能重叠，IT 部门疲于应对系统维护、数据处理、集权管理，无法将更多的精力放在利用信息化给企业带来更多的内部提升上来。

④ 由于营销系统分散，企业管理人员无法直观获取分布在多系统中的用户数据，导致获取市场真实需求滞后。因为很多有价值的数据在线上线下相互转换的过程中容易被漏失，所以负责营销决策的部门拿到的数据往往是不全面、不准确的，参考价值不高，导致决策人员无法准确预测市场需求，不能对营销资源做合理调配，进而造成企业战略误判。

所以，企业营销数字化转型需要以真实的市场需求为中心，IT 实践要与各方业务发生关联，能够将营销所需的各种数据进行整合、打通、共享，同时兼顾营销过程的各个环节，最终实现售前、售中、售后的闭环营销。

4. 企业营销数字化转型目标

企业营销的数字化转型，是将以企业为中心的传统价值导向转变为以消费者为中心的现代价值导向，实现用户与企业价值链的连接。企业将以用户需求为中心来定制满足消费者个性化需求的产品，从而使企业在高度竞争的时代立于不败之地。综上所述，企业营销数字化转型的目的可以归纳为如下几点：

（1）实现闭环营销

通过前台与后台的紧密集成，企业可打通需求获取、产品研发、产品销售、售后服务等各个环节，最终实现闭环营销；同时能够将各种营销活动、促销方式进行统一的规划设计和实施，保证对外传播的一致性。

（2）实现个性化营销

通过数字营销，企业可以提升全渠道客户数据的收集能力。企业通过对数据的分析，构建客户 360 度视图，从而了解客户从各个渠道与企业发生的业务往来和行为偏好，更好地实现低成本的个性化营销。

（3）提供更丰富的产品信息

借助移动互联网，企业能够提供各种文字、图片、视频形式的产品详细信息和使用方法，甚至能够由专人对接产品使用和服务，提高客户对产品的满意度。

（4）企业盈利不再受时空限制

借助互联网、移动终端、智能终端等介质，企业的营销推广和交易不再受时间、空间的限制，从而企业的盈利也不再受时间、空间的限制，企业拥有了更多时间和更大空间进行营销。

（5）帮助客户实现降本增效

全渠道营销无时空限制，企业可以提供丰富的产品信息，实现个性化营销，帮助客户随时随地、精准地获取产品。这样，既能帮助客户实现在交易过程中的降本增效，还能提升企业的市场竞争力。

（6）实现营销创新

由于数字营销具备多媒体、跨时空、交互式、拟人化、高效性、经济性、前瞻性等特殊属性，营销人员可利用这些特殊属性对传统的营销手段进行改造，实现对传统营销的创新。

基于以上几点，数字营销具备许多前所未有的竞争优势，是数字经济时代企业的主要营销方式和发展趋势。它不仅是一种技术手段的革命，更是一种深层次的观念革命，它能够将各种营销资源整合在一起，赋予营销组合以新的内涵，实现与用户的一对一沟通，真正达到营销组合所追求的信息交换、内容体验、双向互动、便捷交易、数据分析等综合效果。

3.4.2 营销数字化转型实现路径

1. 企业营销数字化转型建设思维

企业在考虑营销数字化建设时，在具备合规性、实效性、适用性思维的同时，也要具备前瞻性和创造性的思维。企业营销数字化转型的建设，既要合法合规、适用于现有的营销模式、能给企业营销业务带来显著的提升，也要考虑未来市场发展前景及企业营销业务、营销模式的扩展。

企业营销数字化转型必须建立在两大思维基础之上：全渠道思维、共享思维。

> 企业营销数字化转型必须建立在两大思维基础之上：全渠道思维、共享思维。

第一，全渠道思维。企业如果想在高度竞争的市场中立于不败之地就需要做透市场，而做透市场就必须贯穿全渠道。在当前移动互联网环境下，特别是在借助移动互联网搭建的可连接顾客的新商业环境下，全渠道思维能够重构更有效率的营销模式，进而完成企业的战略、组织、模式的全面转换。

全渠道思维是企业的全面系统转换，必将引起企业的深度变革。

第二，共享思维。当企业的各种数据（基础数据、财务数据、业务数据、分析数据等）成为一个整体时，才能更清晰、更完整地发挥其价值。企业通过将一个系统作为生态平台，打破信息孤岛，让零散的系统统一化，最终实现数据、业务、信息的融会贯通。通过共享化，企业可以实现新数据的相互交融、应用与新应用紧密结合在一起，实现整体、一致性输出，真正实现业务与数据的互联，从而推动企业的正确决策。

工业互联网时代，机遇与挑战并存。企业没有全渠道营销思维，一切都是纸老虎；没有共享思维，企业会越走越累，最终被时代所淘汰。企业通过平台级全渠道营销，贯通售前、售中、售后各环节，共享数据、业务及信息，实现价值最大化，这将成为企业营销数字化转型的不二法宝。

2. 企业营销数字化转型建设内容

顺应数字营销的发展趋势，结合企业信息化总体架构设计要求，企业的数字营销建设应由接入点、前台、中台和后台共四部分组成。前台建设面向接入点的信息化系统；中台建设企业营销业务管控平台，能够实现对企业营销业务的整合和管理；后台建设主数据、ERP、大数据系统。通过打通前台、中台、后台系统，将前台的信息数据通过中台的营销平台汇总后，直达后台的ERP和大数据系统，真正实现前端市场与后台企业的联动。

企业数字营销的具体建设内容如图3-18所示。

（1）接入点

接入点是指企业在接触前端市场时的各种接触点，它包括消费者、经销商、终端门店、企业的业务代表、第三方电商平台、客服热线等。

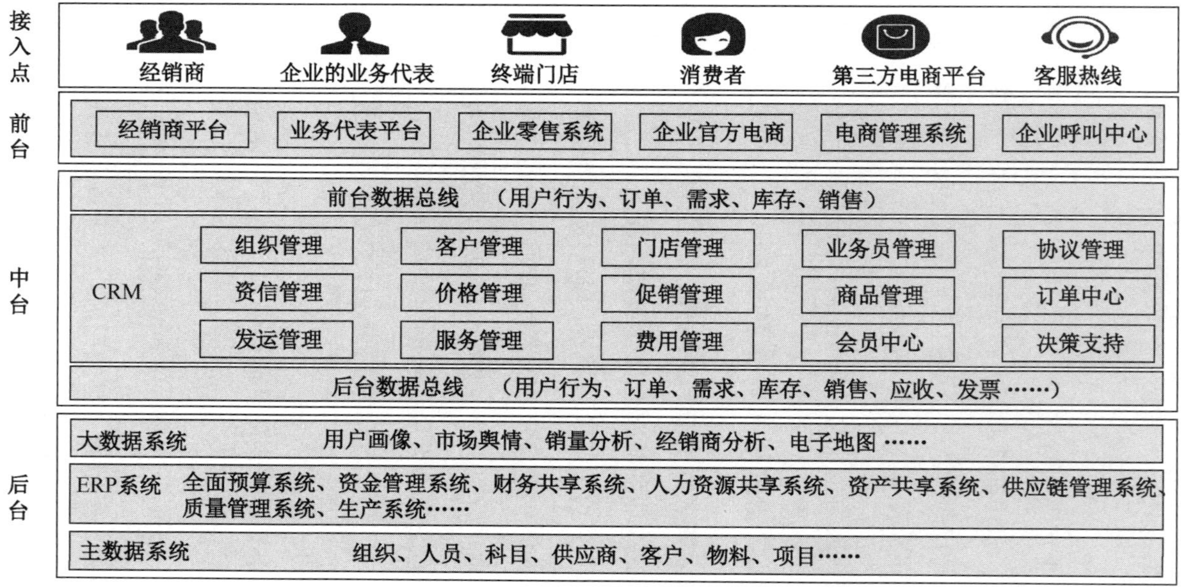

图 3-18 企业数字营销建设内容

（2）前台

① 经销商平台：经销商可以与企业直接进行沟通交流、业务协同；

② 业务代表平台：企业的业务代表可以参与销售业务协同，并且企业能够对业务代表销售行为进行管理；

③ 企业零售系统：企业对终端门店的管理；

④ 企业官方电商：企业自建的网站、微信商城等电子商务平台；

⑤ 电商管理系统：对企业建在京东、天猫等第三方电商平台的自营店铺进行统一管理；

⑥ 企业呼叫中心：企业通过电话进行新品推广、电话销售、售后服务的智能全客服平台。

（3）中台

建立企业 CRM 系统，系统建设应包含以下内容：

① 组织管理：能够对企业现有的营销组织架构进行管理，并能够支撑企业营销组织架构的灵活变更；

② 客户管理：能够对企业的经销商、大客户进行管理，并且能够与主数据系统集成，实现客户信息同步；

③ 门店管理：能够对企业的终端门店进行管理，并且能够与主数据系统集成，实现门店信息同步；

④ 业务员管理：能够对企业的营销人员进行管理，并且能够与主数据系统集成，实现业务员信息同步；

⑤ 协议管理：能够对企业与经销商、加盟店、大客户所签署的协议进行管理；

⑥ 资信管理：能够对企业的经销商、大客户设置资信范围；

⑦ 价格管理：能够对企业的商品售价设置各种不同的价格策略；

⑧ 促销管理：能够对企业的促销规则和促销活动进行管理；

⑨ 商品管理：能够对企业所售商品进行管理，并且能够与主数据系统集成，实现商品信息同步；

⑩ 订单中心：能够对企业的 B2B 及 B2C 订单进行管理；

⑪ 发运管理：能够对企业的配送路线、配送方式、配送顺序进行管理；

⑫ 服务管理：能够对消费端反馈的问题和情况进行管理；

⑬ 费用管理：能够对企业营销各渠道产生的费用进行管理；

⑭ 会员中心：能够对企业的会员管理；

⑮ 决策支持：能够收集企业全渠道的数据信息，并提供企业营销所需的智能分析；

⑯ 前台数据总线：通过前台数据总线，实现与经销商平台、业务代表平台、企业零售系统、企业官方电商平台、电商管理系统、企业呼叫中心的对接；

⑰ 后台数据总线：通过后台数据总线，实现与主数据系统、企业 ERP 系统、大数据系统的系统集成。

（4）后台

① 主数据系统：对各信息系统都需要应用到的组织、人员、科目、项目、供应商、客户、物料等基础数据进行统一管理；

② 企业 ERP 系统：建设内容包括全面预算系统、资金管理系统、财务共享系统、人力资源共享系统、资产共享系统、供应链管理系统、质量管理系统、生产系统等；

③ 企业大数据系统：在信息化、一体化建设原则上形成的所有数据信息，都可作为“智慧企业”的数据来源供“智慧企业大脑”所使用。

3. 企业营销数字化转型建设步骤

依据企业数字化营销的建设经验，建议企业数字营销的建设步骤可分为以下三个阶段（如图 3-19 所示）。

（1）第一阶段

首先建设企业营销业务管控平台。选择功能强大，具备先进支撑模式的营销业务管理系统，为企业全渠道营销业务的全面整合和业务管理选择一个强大的工具。

基于这个平台，随后扩展 B2B 和 B2C 的业务管理系统。对于企业，可以建设企业经销商平台和业务代表平台，实现企业对外部经销商和对内部营销团队的管控。对于消费者，根据业务的复杂程度，由简到繁，企业可以先建设企业电商管理系统，先对在京东、天猫等第三方电商平台建立的自营店进行管理。

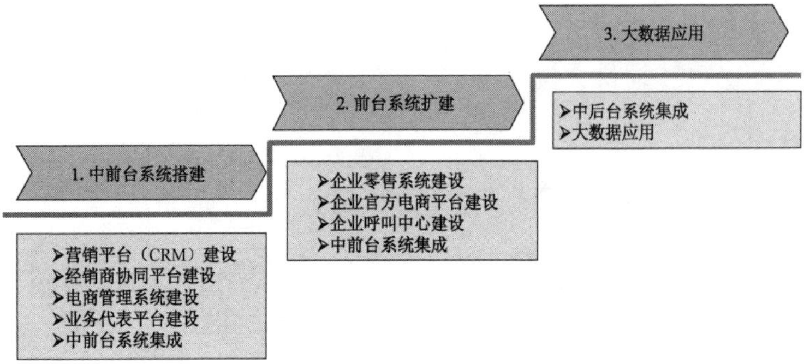

图 3-19　企业数字营销建设步骤

当中台的营销平台和前台的经销商系统平台、业务代表平台、电商管理系统建设完毕后，通过系统集成，实现中前台信息数据的共享和传递。

（2）第二阶段

第一阶段完成后，企业可以继续扩展前台业务系统，包括企业零售系统、企业官方电商平台、企业电商管理系统、企业呼叫中心等。

前台系统扩展完毕后，继续通过系统集成，实现中前台信息数据的共享和传递。

（3）第三阶段

当第一阶段和第二阶段都建设完毕后，中前台信息数据都已打通，此时企业可以进行前中后台系统的集成，市场前端各种信息数据可被企业大数据分析系统所使用，最终能让企业及时准确地获取市场前端数据，积极灵活面对市场的各种变化，实现“智慧企业”建设。

3.4.3 营销数字化转型，提升企业管理价值

营销数字化转型的落地，能够帮助企业实现营销资源的合理配置，优化营销策略，通过新的营销模式，提升企业管理价值。

1. 服务于消费者的个性化营销

数字化营销收集终端消费者的真实需求，按照顾客的特殊要求制作个性化产品，形成消费者画像，构建 360 度客户视图，推出个性化产品，支撑个性化营销。它避开了中间环节，注重产品设计创新、服务管理、企业资源的整合经营效率，实现了市场的快速形成和裂变发展，是企业在移动互联网时代制胜的有力武器。与传统的目标市场营销相比，个性化营销更加充分地体现了现代市场营销观念，能带动企业提高经济效益。由于和消费者保持长期的互动关系，企业能及时了解市场需求的变化，有针对性地生产，不会造成产品积压；缩短了再生产周期，降低了流通费用；另外，个性化产品为产品需求价格增加了弹性，提高了售价，从而提高了单位产品利润，企业经济效益自然凸现出来。

2. 实现经销商全生命周期管理和过程管控

经销商管理历来是客户管理的重点，企业营销信息系统建立并完善了经销商静态档案信息。在经销商准入、晋降级、退出时，均可实现业务员提出申请，经分公司、集团审批通过后，系统自动更新档案信息。年初录入经销商合同，分配销售目标和终端开发目标。年中根据任务达成动态计算经销商费用支持额度，实现费用申请受支持额度实时控制，完善了经销商的费用管控管理。对合同完成和费用投入分析不再需要人工参与，可通过查询实时完成。经销商库存和动销流向数据采集使得渠道信息获取周期缩短，同时减少人为干扰因素，提高了数据准确性和及时性，为快速反映市场赢得了时间。

3. 商场超市管理更加完善，合同、活动、费用等管理更加透明

商场超市的合同管理、促销活动管理、商品的形象展示是分公司营销活动的主体。通过合同共享、人员授权，灵活应对复杂业务场景，实现公司间合同参照执行共享，打通费用申请通过后和 ERP 付款流程的衔接，全面覆盖费用管理流程。促销活动管理详细记录并分析了商超的促销、路演，包含活动前申请、活动结束后效果评价，所产生的促销补差将作为后续费用申请的参照依据，使得企业能够对市场做出快速响应。

4. 用精细化分析，指导业务决策，提升企业运营效率

借助大数据平台，企业营销信息系统能实现个性化调整，满足对各项业务精细化分析、精细化决策的需要。通过精细化管理分析，企业做任何方面的决策，不再是凭主观经验臆断，而是有据可依，实现从“粗略决策”向“靶向精准”的完美转变，彻底抛弃原来粗放式营销的弊病，为企业的健康、快速发展提供技术保证，提升了企业的运营效率和竞争力。

5. 移动应用，轻松应对提升小终端管理

当下的市场，“决胜在终端”，如何通过管理经销商实现对小终端管理不是一件容易的事。传统小终端管理手工管理难度大，数字营销利用新技术和管理手段可以轻松应对。创新移动应用，结合电子地图，把终端“装入口袋”：通过移动应用，业务员可随时随地建立小终端档案并对终端进行GPS 定位，在地图中查询附近终端进行选择拜访；移动巡店管理让业务人员收集小终端动态铺货信息变得更加方便快捷。

6. 销售行为管理，加强了对业务员的日常管理和工作指导

业务员通过移动应用的功能，在客户拜访和巡店时直接用手机签到，并能够在巡店过程中随时拍照上传，及时汇报每日工作，通过手机对终端销量及时上报，方便了企业对业务员的日常管理和对门店工作的指导。

7. 整合企业信息体系，形成大数据平台

数字营销通过整合业务数据，在不同数据平台之间建立互通桥梁，从根本上解决“数据孤岛”现象。通过数据接口的方式，系统自动从各个系统抽取数据，将分散存在的流向、费用报销、销售、库存、应收、应付等所有具有分析价值的数据汇总起来，把企业原来分散的信息系统连接在一起，把“数据孤岛”变成“信息大陆”，形成企业内大数据平台，为以后信息体系的拓展打下坚实基础，数字营销协同平台如图 3-20 所示。

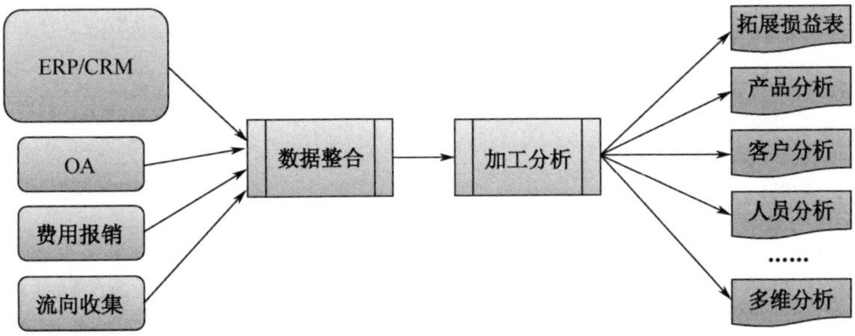

图 3-20　数字营销协同平台

3.4.4　营销数字化转型实践

东阿阿胶股份有限公司（简称“东阿阿胶公司”）成立于 1952 年，是全国最大的阿胶系列产品生产企业。公司拥有中成药、保健品、生物药三大主导产业，是全国阿胶行业唯一的道地药材生产示范基地，也是国家两化融合示范单位。

持续几年的市场疲软大环境，使得东阿阿胶公司敏锐地

发现：向精细化管理要效益，是提高企业产值的又一突破口。通过精细化管理，对外靶向精准地锁定投入产出比高的客户、区域、产品，明确开发价值高的空白区域，集中物力、财力、精力在肥沃的土地上持续开垦。对内细化考核要素，发现政策短板，规范每一笔业务、每一条流程，最大程度激励员工自我提升。

鉴于此，东阿阿胶公司经过慎重考虑后立项，决定对信息化体系进行颠覆式改造，使其能够契合企业精细化管理的要求。在与多家软件供应商讨论、遴选后，综合考量软件商的产品优越性、技术实力、服务保障等多方面因素，东阿阿胶公司最终决定与浪潮集团合作，共同完成信息化体系的升级改造。借助浪潮医药 CRM 实践经验，东阿阿胶公司实现了完美的管理提升。

1. 建成企业内大数据平台

通过项目的建设，把企业原来分散的信息系统连接在一起，把“数据孤岛”变成“信息大陆”，建成企业内部大数据平台，为以后信息体系的快速拓展打下坚实基础。

2. 实现从“粗略决策”向“靶向精准”转变

通过精细化管理分析，企业做任何方面的决策，不再是凭主观经验臆断，而是有据可依，实现从“粗略决策”向“靶向精准”的完美转变，彻底抛弃了原来粗放式营销的弊病，为企业的健康、快速发展提供技术保证。

3. 助力考核激励透明化

在引入阿米巴管理模式的情形下，依托于业务的精细化管理和分析，可以从任意维度对业务进行考核，管理层对业务的可透视化程度大大提高。如：从业务代表角度来说，可以科学、公正、精细地核算出每个人应得的绩效，及时激励员工，提高员工的工作积极性，为企业的长足发展提供重要保障。

3.5 采购数字化转型

传统企业自有供应链生态是一座“金矿”，当企业向市场和营销要收入的同时，更需要向整条供应服务链要利润。

3.5.1 云采购，构建产业新生态

1. 传统采购数字化转型面临的挑战

很多跨国公司在利用数字化技术优化全球供应链方面，已经取得很好效果。而我国大多数企业的采购业务普遍存在大量手动流程，不仅效率低下，还会导致采购历史无法追溯，合规性难以保证等风险。随着企业信息管理系统逐渐普及，部分管理先进的企业已经开始使用电子采购系统，但是系统间的数据往往难以兼容和共享，无法高效支持企业快速制定

科学、智能的业务决策，导致采购成本始终居高不下。

面对新的形势，采购行业应以智慧企业为目标，以数字化转型为手段，寻找转型升级的突破口，全面打造中国数字化采购“升级版”。

2. 数字化采购推动企业采购进入 3.0 时代

数字化技术的飞速发展，正在颠覆传统采购业务模式。简化和自动化将变得司空见惯，智能与洞察取而代之成为核心竞争力。数字化采购通过应用人工智能、物联网、机器人流程自动化和协作网络等技术，打造战略寻源、自动化采购执行与前瞻性供应商管理，助力企业降低成本和管控风险，并发掘新价值来源。

数字化采购并不是简单的 IT 升级。它是真正向前迈出了一大步，不仅在技术层面上有所突破，还告别了采购部门沿用了几十年的运营模式。基于信息技术在采购业务中的应用水平，归纳出采购信息化发展的三个历程（如图 3-21 所示）：利用电子采购系统记录历史交易信息的采购 1.0 时代；记录采购过程中背景信息的采购 2.0 时代；对企业内、外部数据进行整合与交互，并通过智能工具辅助进行采购决策的采购 3.0 时代。

目前，大部分采购部门都还停留在采购 1.0 阶段，即利用 IT 技术实现流程自动化，记录实际发生的情况：执行过的交易、支付过的发票、购买过的物品以及签署过的合同等，但系统功能仅限于利用软件记录数据，且采购流程过于烦琐，用户体验差。某些领先企业的采购部门正朝着采购 2.0 迈进，它们会利用技术来挖掘更深层的数据，从而获取更多背景信息，比如用户购买了什么，为什么发生这项购买等等。这类信息作为构建预测模型的基础，也是采购 2.0 的核心，能帮助企业在未来做出更明智的采购决策。在接下来的 2—4 年，采购 3.0 将出现。此时采购和业务部门将能够处理自己生态系统以外的信息并与之进行交互，而智能技术也将超越简单的执行，直接上升到辅助业务决策的高度。

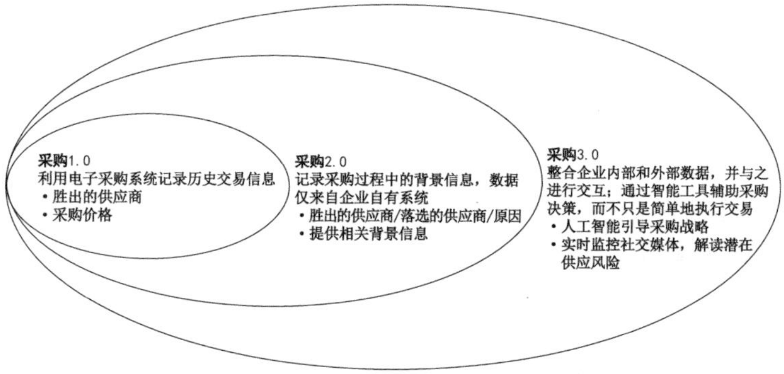

图 3-21　采购信息化发展历程

3. 数字经济带来新转变，构建产业新生态

数字化采购可帮助企业大幅提高采购速度、效率与敏捷性，为决策者提供更全面的视角，可降低风险、提高合规性，最终提高采购部门可管控的支出项目，为企业带来更多价值。而数字化产业生态的关键是企业要做好电子采购云平台：连接供需，重塑生态。通过对新经济体的分析，还有在众多企业中的信息化实践，打造涵盖电子寻源、专业市场、电子超市和增值服务四部分云应用的电子采购云平台是生态圈运作的关键要素。电子采购云平台，联结供应商、第三方电商金

融机构、物流公司、商旅，包含电子寻源、专业市场、电子超市、增值服务四大应用，提供采购、物流、仓储、结算一站式服务，构建协作共享的商业网络。在这个平台上，企业可以连接周边的相关产业，构建生态圈，利用整合资源的优势，提供增值服务，创新商业模式，实现工作数字化、体验场景化、运营平台化、商业生态化，助力企业数字化转型。

3.5.2 采购数字化转型的实现路径

对于传统企业，数字化转型的成功与否是一场事关企业生死的大事。然而，数字化转型并不容易。在这场以技术和数据驱动、技术与业务高度融合为特征的转型过程中，挑战的不仅是企业的技术、流程，还有文化等深层次问题，同时还需要借助外力（包括第三方咨询服务等）的帮助。很多领先企业早已开始探索数字经济时代的采购数字化路径，并已积累了一定的经验。经过对上千家浪潮集团服务过的大中型企业客户的数字化采购转型路径与实践的深入剖析，我们发现，大多数企业的数字化采购转型都在遵循这样的路径，我们归纳为“电子采购平台建设三步法”，如图 3-22 所示。

电子采购平台建设三步法，以数据为核心，以产促融、以融助产，推动新旧动能转换，利用分步式的创新型策略实现产业新生态。

第一步：基础级，为企业搭建交易平台，帮助企业汇聚供应商，实现规模化在线采购、采购协同、采购监控。在软件平台选配上，搭建电子商务交易平台，按现行组织和业务进行预制或者根据成熟度选配模块，实现阳光采购。

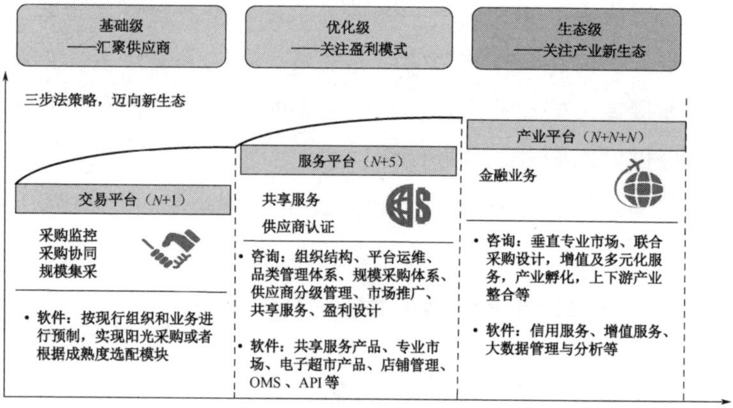

图 3-22　电子采购平台建设三步法

此阶段的信息化建设以企业采购需求为核心，以企业所有供应商为纽带，实现“N+1”采购模式，着力打造、完善采购业务交易平台，支撑企业采购业务的全过程管控。利用平台优势，发挥规模优势，降低企业采购成本，且在信息化建设过程中优化系统，加入企业产品和服务应用，增加供应商使用体验，集中释放企业采购需求，增加供应商黏性。

第二步：优化级，为企业搭建服务平台，关注新的盈利模式，提供共享服务体系，并进行供应商认证。在软件平台选配上，把采购商放在专业分类市场进行统一交易服务；利用电子超市连接多方电商，支持跨电商选购，也支持企业自营，供应商入驻开店，为企业内部员工或个人提供低值易耗品的采购服务，优化采购方式、供应商分级管理体系等，为企业内部进行服务。

此阶段信息化建设在电子采购系统基础级建设的良好基

础上，对供应商进行不同类型的收费，具体包括：注册阶段、交易阶段、应用阶段、数据信息阶段等。增加新的采购商，允许其免费使用电子采购系统的所有功能。对于定制化需求给予优惠，甚至免费，企业供应商资源向平台所有采购商和所有供应商开放，推动实现“*N*+5”采购模式。

第三步：生态级，为企业搭建产业平台，关注产业新生态，实现企业金融等增值服务。在软件平台选配上，整合产业链上下游资源，实现跨界、多元化发展的经营体，对外部提供更多增值服务。配套电子商务产业平台，为会员用户提供基于大数据的信用服务、物流服务、供应商评价服务等多种增值服务。

此阶段信息化建设打通销售端 CRM 系统，扩大入驻买家数量，引入代理、渠道、最终客户，推动实现“*N*+*N*+*N*”模式。由卖家、买家带动更多的商家入驻，提高系统活跃度，在足够多的用户数量、交易额的基础上，推动周边服务跟进，包括供应链金融、物流、仓储等，推动大数据、云计算、区块链技术在供应链环节中的应用，并借助信息技术、方案咨询、信用评价等业务，打通产业壁垒，实现产业新生态。

3.5.3 采购数字化助力企业转型升级

采购数字化不仅帮助企业降低成本，提高质量，规范流程，还可以优化企业资源配置，防范过程风险，创新商业模式，助力企业数字化转型。

1. 整合企业产业资源，优化企业运营成本

企业未来比拼的不光是企业本身的实力，还有资源整合能力。数字化采购把供应商、金融机构、制造商等一系列相关产业连接起来，形成产业互联，把整个相关的外部资源和内部资源整合到一个平台上，取得“1+1＞2”的效果，帮助企业构建新生态。

数字化采购通过整合众多产业资源，通过业务运营模式以及管理流程的优化，可以帮助企业优化运营成本。首先，数字化采购可通过集中采购、区域联合采购等实现规模化采购，发挥议价能力，降低采购成本。其次，数字化采购平台支持包括招标、询价、谈判、竞价等多种寻源方式，可灵活适用各种采购寻源业务，使整个采购寻源业务在互联网平台全程开展，配合远程开标室、评标监控室等辅助工具，满足阳光采购的同时，提高工作效率，降低工作量。同时，在采购协同方面，战略供应商在平台发布供货产品、价格，用户在线上签订合同或者订单，云采购通过与线下 ERP 的无缝集成，实现了从需求计划、订单执行、收发货计划到开票结算全流程的高效协同。最后，数字化采购平台通过和第三方的网站对接，进行价格爬取，实现价格对标，生成最适合的采购价格，通过对业务模式以及流程的优化，在资源整合的基础上完成了运营成本的优化，如图 3-23 所示。

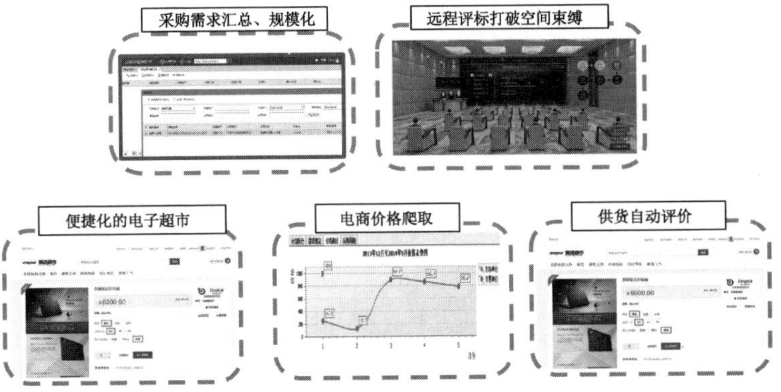

图 3-23　优化企业运营成本流程图

2. 数字化支撑，实现采购全过程的风险管控

数字化采购平台可以实现供应商准入、认证的管理，采购政策、价格合理性，采购寻源的阳光透明化，对采购质量的检验、把控等全过程进行风险管控，如图 3-24 所示。

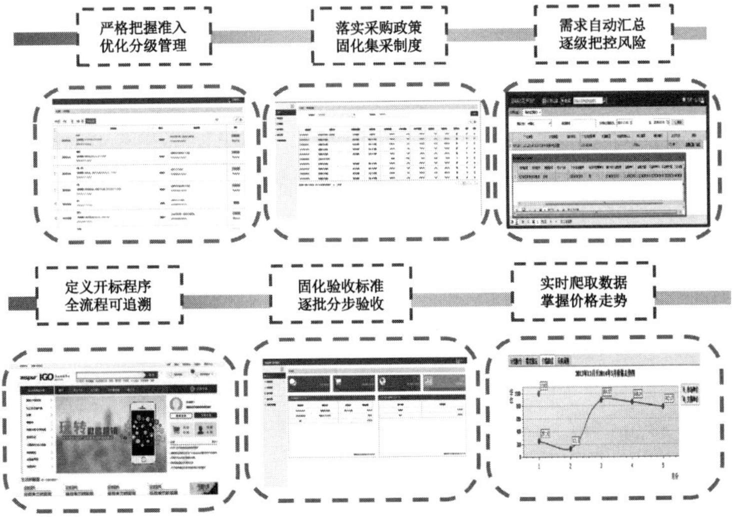

图 3-24　采购风险管控流程图

① 在供应商管理方面，严格把控准入，借助互联网、大数据技术，辨别供应商资质及履约能力。建立优胜劣汰的竞争机制，优化分级管理。

② 在集团管控方面，落实采购政策、固化集采制度，形成批量议价的优势，加强公司对供应商的控制力。

③ 在采购计划制订环节，采购需求通过平台自动汇总、上报，逐级把控计划风险。

④ 在采购寻源业务中，定义开标程序，全流程可追溯，阳光透明，流程清晰，确保招标目标实现。

⑤ 在采购质量方面，固化验收标准，逐批分步审核、验收，追溯验收责任人。

⑥ 在采购价格方面，平台价格库实时采集内外部交易数据，及时掌握市场行情，防止供应商串标抬价，确保企业获得合理价格。

3. 智能化应用，带来场景式体验

数字化采购平台可通过多样化的智能手段，为客户带来多种全新的场景式体验。

支持手机移动端，尤其是微信端的应用。用户可以通过手机移动端随时随地查看采购信息，同时，还能通过微信端的掌上商城便捷下单，并对物流信息实现实时监控。

通过物联网技术，为用户提供 3D 模拟的招标大厅、视频评标室，给用户带来从开标、唱标、评标到定标全流程的场景化体验。

利用 GIS 工具，可实时查看采购机构、全球仓库位置存量以及供应商的全球分布情况，确认是否能够及时供货，大大提高了供应保障能力。

4. 整合企业资源，构建生态圈，实现商业模式创新

在业务模式上，数字化采购平台通过联合体采购服务，降低采购成本。例如，南京地铁通过联合体采购服务，使采购成本降低了 15%。通过企业在平台上注册成招标代理服务商，增加其营业额。例如，中铁物贸通过开展线上招标代理服务，营业额提升了 50%；同时，通过对闲置资产进行交易和租赁，使资产利用最大化，总成本整体下降了 200%。

在商业模式上，利用自身物流网络或第三方物流机构为会员用户提供物流服务；利用平台汇集的供应商历史交易数据，对供应商信用进行评价，帮助供应商融资、办理银行贷款等，提供了供应链金融服务；通过收取标书保证金和其他手续费等完成了沉淀资金的盈利；另外还提供广告投放服务、信息推送服务、招标项目推广服务等多种增值业务，帮助企业创新了商业模式，新的采购商业模式图如图 3-25 所示。

3.5.4 采购数字化转型实践

实践是检验真理的唯一标准。电子采购云一定要产生有效的经济与社会价值，一定要能切实推动传统企业的数字化转型升级。

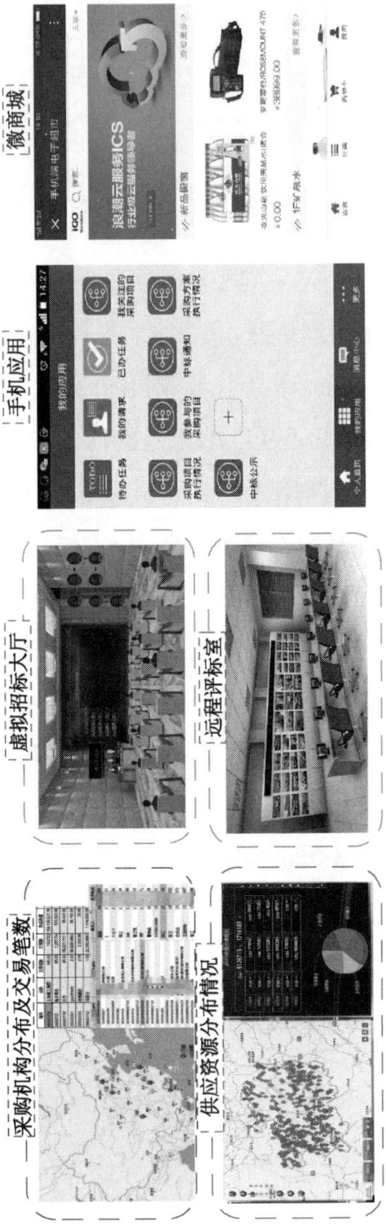

图 3-25　新的采购商业模式图

上海建工集团（简称“上海建工”）创建于1953年，是中国建设行业的龙头企业，下辖全资、控股企业300余家，拥有总资产238亿元，在中国城市现代化建设的进程中承担了重任。成立60余年来，上海建工多次刷新中国乃至世界工程建设史上的纪录，在全球30多个国家和地区承担了近百项工程，不少工程成了当地的标志。

随着数字经济的发展，上海建工越来越认识到必须不断地建立和优化供应链，借助电子商务技术平台，整合企业内外部资源，增强行业内协同，提升企业的供应链管理水平，这成为上海建工实现转型升级、提升市场竞争力的重要手段。

浪潮集团基于上海建工的实际业务现状，按照“总体规划设计、持续建设优化”的原则进行平台建设，利用分步式创新型采购策略，即通过搭建交易平台、服务平台、产业平台的采购三步走，降低采购成本，实现产业新生态。

第一步，搭建交易平台，实现采购基础管理。基于上海建工的采购需求，开发、搭建“三门户一平台”的上海建工电子采购平台，即对外电子采购门户、供应商门户、专家门户以及面向企业内部采购管理的电子采购平台，实现集团对关键物料的采购。

第二步，搭建服务平台，实现采购优化管理。在第一步电子采购平台建设的基础上，持续完善、扩展电子采购品种及采购相关业务，实现各类物资线上采购。同时，搭建上海建工超市云——营造商商城，连接多方电商，支持跨电商平台选购，也支持企业自营、供应商入驻开店，为企业内部员工或个人提供办公用品采购服务。

第三步，搭建产业平台，实现采购服务管理。在前两步平台建设的基础上，搭建采购专业化商城，划分安装类、装饰类、园林类等专业，实现各专业的物资分类采购；同时，搭建结算支付平台、金融平台，打造采购信息、支付交易一体的对外服务门户，提供企业金融等增值服务。

经过两年多的平台建设，目前，电商平台入驻的合格分供商超过 16 000 家，同时有数千家潜在注册分供商，实现集中采购的规模化效应，缩短了采购周期；其次，营造商商城已上架 111 万余种商品，涵盖 1 107 个商品类目，实现物资、设备、专业分包、劳务分包等建筑领域业务采购全覆盖。2018 年，商城交易完成 15 101 笔，交易额达到 7 146 万元，成为长三角地区最大的 B2B 建筑行业交易平台。电商平台建设效果如图 3-26 所示。

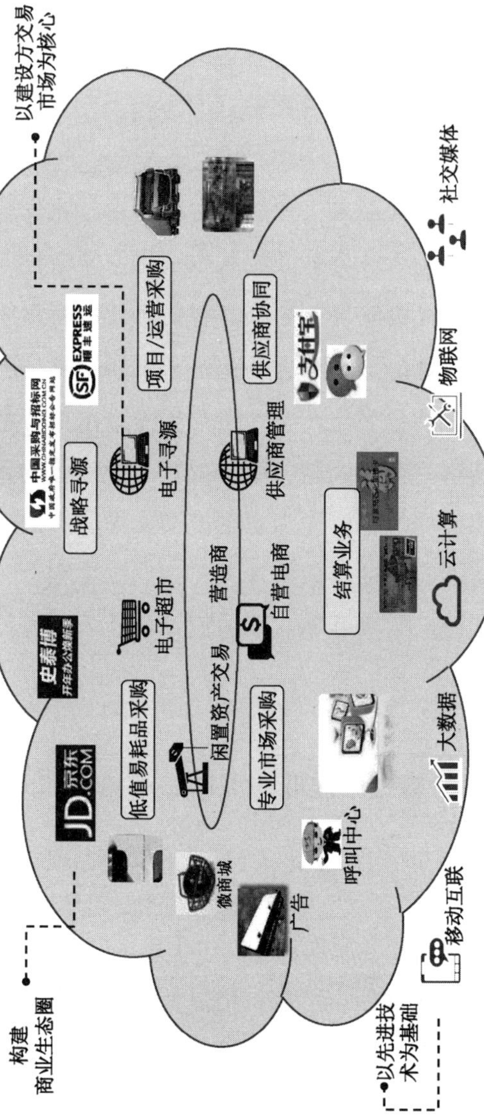

图 3-26 电商平台建设效果

3.6 决策数字化转型

数字经济时代，人工智能作为新一轮产业变革的核心驱动力，正推动经济社会各领域从数字化、网络化向智能化加速跃进，智能社会正加速来临。智能时代所有组织运转决策的核心，都是由企业大数据和智能技术构成的“企业大脑”。

针对企业的数字化转型，浪潮集团给出了智慧企业的整体框架，其中“企业大脑”既是智慧企业建设的目标，也是智慧企业建设的抓手，作为总纲推动支撑应用的建设。在企业，人工智能真正的价值体现在与数据深度融合，帮助企业实现流程优化、管理变革、业务创新，让人工智能辅助企业管理决策。

3.6.1 从海量数据中提取关键信息是决策的关键难题

1. 企业信息孤岛问题严重

不管是企业还是政府机构，由于各部门的信息系统不通，数据分散在各个部门，形成“信息孤岛”，造成“数据像不流通的货币和商品”，丧失了价值。各部门出现这类问题的主要原因有：

① 数据与表结构及应用程序密切耦合，当某关系数据库中的数据发送到其他系统后，由于接收方没有相应的数据结构，导致该数据变成了无意义的数据；

② 关系数据库中大量使用代码，导致数据在共享交换时失真；

③ 没有数据标准，各个系统中的数据不统一，导致数据在数据共享交换和数据挖掘时出现问题。

2. 企业数字化转型造成数据类型复杂多样

随着企业数据化转型的深入开展，企业产生的数据不再是以存储在关系数据库内的结构化数据为主，而是转为从结构化数据到半结构化数据和非结构化数据，从静态数据库到动态数据流，从简单的数据对象到时间序列数据、传感器数据、空间数据、超文本数据、多媒体数据、软件程序代码等数据。对于如此复杂多样的数据进行有效管控和应用，是一个巨大挑战。

3. 结合 AI 可以从企业海量数据中挖掘重要价值

企业内海量的数据如果不能得到有效利用，没有挖掘其价值，反而会对企业造成不良影响，造成企业管理成本上升。利用 AI，联系业务需求，企业可以从海量无规律化的数据中有效挖掘其潜在价值，实现“大海捞针”。

3.6.2 聚数融智构建“企业大脑”

1. 企业大脑定义

随着企业数字化转型的深入，“数字孪生”这一概念也被企业管理领域所认可，即对应于现实世界，有一个数字世界。在现实世界里，人脑通过控制能力操纵“人机料法环”等实物，通过选择决策能力驱动“研产供销服”等业务流程。在数字世界里，企业大脑类似人的大脑，基于人工智能、大数据等技术，通过实时、持续地处理来自业务系统的海量数据，一方面提取关键信息辅助管理者更科学地决策，另一方面根据规则自动地启动流程，驱动 ERP 等业务系统工作，提升工作效率。

企业大脑可以通过实时、持续地处理海量异构数据，辅助智能决策，驱动流程自动化和业务优化升级，实现企业的个性化、精细化生产和服务。同时，兼具端到端的企业全业务场景、智能高效的模型算法和工具、丰富完整的数据三大特性，借助超强的大数据能力+AI 能力，打造智慧企业。

企业大脑以企业全业务、全流程的内部生产经营数据和外部相关数据为基础，对企业的全方位数据进行管控和分析。这意味着它不是针对某一应用领域的，而是涵盖了企业内部所有的垂直管理部门。更多情况下，企业大脑是在垂直部门的基础上，开展部门之间的关联分析和模式挖掘。例如，企业大脑应用在财务部门时，首先是对基于财务主题的数据仓库开展算法、模式分析，最终搭建相应的财务主题模型，进而优化财务部门的业务流程，减轻财务人员的体力劳动。然而，财务主题的业务模型不仅可以服务于财务，与人力资源部门结合极有可能发挥更大的价值，如与人力数据结合后可以为整个集团的招聘计划、薪酬调整等提供决策支撑。

因此，企业大脑在开展大数据分析应用时，是站在更高维度上进行的，与垂直部门的大数据分析应用存在着复杂的有机包含关系。

2. 企业大脑要解决的四类问题

第一类是数据如何治理？企业内有哪些数据资源，分散在哪些部门，由什么系统产生，它们的标准统一吗？如何形成企业权威可靠的数据？

第二类是数据如何融合？各种不同类型、不同渠道获取的数据如何汇聚起来，实现数据的融合，做到集中、有序存放？

当前，企业融合的数据主要包括三类：互联网数据、经营数据和物联网数据。围绕企业具体业务指标需求和高层决策需求，对以上三类数据开展不同颗粒度的数据汇聚和不同层次的挖掘分析。互联网数据主要是企业外部产生的数据，这部分数据对于分析企业生存环境、行业竞争态势和运营方向具有重要参考意义。例如，股票交易数据、市场价格行情数据、物流供应数据等数据。企业经营数据是与企业日常运营相关的数据，包括人力、财务、资产、生产、销售、服务等方面。这部分数据的分析对于降低企业成本、改善企业应收、发现企业管理和安全隐患具有直接作用。在传感器、移动通信、大数据和新一代人工智能技术的推动下，物联网数据作为制造业企业的重要资产，物联网数据的分析

> 企业大数据由三类数据构成：互联网数据、经营数据、物联网数据。

和挖掘成为企业实时监控生产、保障生产安全、改进制造工艺、改善产品质量的重要手段。

第三类是信息如何揭示？数据治理和融合完成之后，如何针对不同层次的用户，直观、有效地揭示有效信息，以协助管理人员及时地做出决策，改善业务流程？

第四类是数据中隐含的知识如何挖掘？如何利用 AI、机器学习等技术挖掘隐藏在数据背后的规律，形成更深入的业务洞察，发挥数据更大的价值？

构建企业大脑应解决的四大问题如图 3-27 所示。

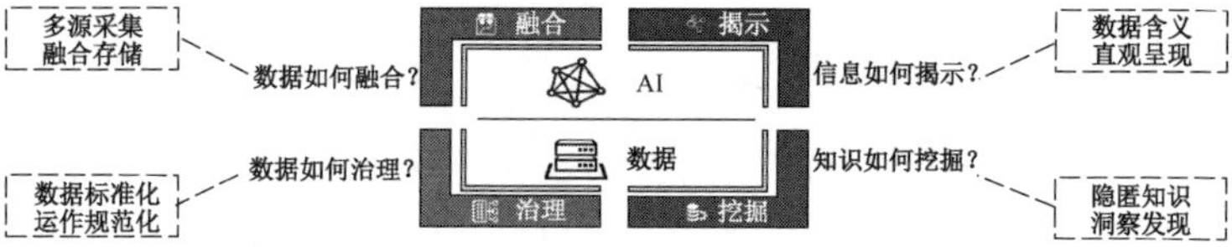

图 3-27　构建企业大脑应解决的四大问题

3. 企业大脑的建设方法

结合近千家客户成功实施企业大脑的实践，浪潮集团总结出“数据共治共享，构建企业大脑”的四步法。

（1）数据治理

数据的深度治理是激活数据功能的基础。数据采集来了，要真正发挥作用，就需要数据的治理。数据治理主要围绕着“管、建、用”进行。在“管”的层面，承接企业战略，制定企业的数据战略，进行数据管理组织、数据管理政策和制度的梳理和建议；在“建”的层面，可进行具体数据架构、数据标准、主数据、数据质量、数据安全性等专项工作的治理咨询；在“用”的层面，进行数据需求管理、数据仓库平台建设和数据应用的流程建立和评估。通过数据治理解决企业数据标准不统一、多头报数、数据看不懂、数据不准确、数据对不上等痛点。

（2）数据融合

企业梳理完数据后，还要有一个实际管理数据的过程，企业通常的做法是采用一堆不同的工具来人工管理，花费的成本和对团队的技能要求都比较高。企业大脑提供完整的 DMP 数据管理平台，使数据管理融合相关的所有工作，从数据源的管理、融合存储、分发共享，到贯穿始终的数据标准、数据质量在一个平台上统一集中，极大地提升了效率和准确性。同时，对于比较核心的数据融合存储，企业大脑提供了一个融合的数据中心架构，来应对企业中常见的结构化经营数据、高频率的设备时序数据和占用空间较大的视频图像数据这三类数据，采用 Oracle/SQL Server 等处理经营数据，采用 Kafka、Redis、ElasticSearch 集群来处理时序数据，采用 HDFS 来存储视频和备份经营、时序数据，达到最优的性能和成本的匹配。

（3）数据揭示

数据融合之后，要让其发挥价值，首先要把数据包含的信息直观地展示出来，这时友好的可视化形式是基础。企业大脑提供了覆盖全屏的信息浏览方式：

第一种方式是大屏。目前，大屏系统、作战指挥室已经成为众多企业对外展示企业形象的窗口和新名片。

第二种方式是内部的管理看板。看板可以综合高层管理者关心的多系统、各领域的信息并进行展示，比如看板可以展示来自销售系统和财务系统的业绩情况、来自评价系统的各区域的运营评价情况，以及来自项目管理系统和 HR 系统的项目和人员的信息等；同时看板可以根据需求提供包含分析、预测，以及督办等多样的展示维度，并实现关键指标的穿透查询。

第三种方式，也是使用最多的方式，就是移动应用，高层管理人员可通过手机查看关键信息。应用统计显示，移动端访问频率是 PC 端访问的十倍左右。

（4）价值挖掘

企业大脑除基础的展示数据外，还可进一步挖掘数据隐藏的价值。通过融入 AI 平台和算法群，企业大脑可以提升企业的认知能力。

第一层，企业大脑可以提升系统的辅助能力，通过智能语音交互、智能分词、图片搜索等功能，让信息查询更方便，辅助使用者做出决策。

第二层，企业大脑可以提升系统的理解能力，通过票据识别、物体识别、人员异常聚集等功能，帮助使用者在纷繁的数据中发现不同信息之间的内在联系。

第三层，企业大脑可以提升企业的决策能力，通过策略推演、实时分析、中标预测等功能，帮助企业定量分析影响决策的各种因素，提高决策的精准性。

第四层，企业大脑可以提升企业的洞察能力，通过孤立点分析、故障预警、用户画像、较差销售等功能，从大量数据中挖掘出隐含的信息，改进企业运营机制。

在企业大脑建设方面，浪潮集团通过以上四个步骤，解决了企业大脑建设中最核心的四类问题。具体如下：建设数据治理子平台解决数据治理，建设数据采集子平台和融合数据中心解决数据融合，建设 BI 分析子平台解决数据揭示，建设 AI 开放子平台来解决价值挖掘。同时，浪潮集团通过总结众多集团企业大数据平台的建设经验，发现在解决企业核心问题的同时，必须协助企业建立一套完整的工作流程，把企业大脑打造成“平台、运维、创新应用”一体化的应用分析平台。

相对来说在企业单纯地建设一个平台比较容易，但是把这个平台运营好，让更多的领导、部门主管、业务人员持续运用，则非常困难。企业经常会出现的情况是：平台建设好了，软件厂家实施人员撤了，业务发生了变化，大数据里面的数据或者不准确了，或者缺省数据，导致业务人员、领导，又开始线下工作。

因此，浪潮集团建议企业在建设企业大脑的同时，要成立专门的大数据中心和大数据分析室，大数据中心负责平台的运维，包括数据的采集、整合等；大数据分析室负责基于整合后的数据建模、分析及应用。随着企业业务的发展，还建议企业建立一套企业大脑的工作流程，从业务需求的提出、数据的采集、数据建模到数据的创新应用的管理流程。

早在 2017 年的数博会上，浪潮集团董事长孙丕恕首次提出了“企业大脑”的构想。他认为，作为中国领先的云计算、大数据的服务商，浪潮集团理应面向企业的决策、运营、生产等场景，提供串联起企业业务应用的智能平台，从而加速企业的数字化转型，构建面向未来、与时俱进的智慧企业。

“浪潮 EA 企业大脑”就是这一构想的产物。2018 年 5 月 16 日，在天津召开的第二届世界智能大会上，由浪潮云 ERP 研发的以数据为核心，面向企业决策、运营、生产全场景的企业智能化创新平台——“浪潮 EA 企业大脑”正式发布。“浪潮 EA 企业大脑”即“企业智能体”，同时，它也是浪潮云 ERP 加快集团云计算战略 3.0 落地的重要体现，面向企业应用的三个方向，即智能决策、运营优化、生产改进，企业大脑提供了对企业生产经营管理的全业务链覆盖。

显然，“浪潮 EA 企业大脑”就是在连接云计算、大数据，以及云上 ERP 的金钥匙，超强的大数据和 AI 能力是打造智慧企业的阿基米德支点。当前，浪潮已经成功地为临矿集团、浪潮集团、正通煤业等建成了企业大脑。

3.6.3 “企业大脑”最新实践

山东能源临沂矿业集团有限责任公司（简称“临矿集团”）是全国煤炭企业 50 强和山东省重点工业企业。它是一家国内横跨鲁、蒙、陕、甘四省区十余个地市，海外涉足澳大利亚，以煤电、铁矿、玻纤、物流贸易、现代农业、技术服务六大产业为一体的大型现代企业集团。

当前，临矿集团正处于煤炭行业转型发展和突破升级的关键时期。集团领导对大数据应用高度重视，对大数据推动组织变革、模式创新、精益管理寄予很高的期望，提出了“精细管理、精益运营、精准决策”的理念，并将“大数据”与“资本运营”一起作为临矿腾飞发展的两翼。

2017 年 8 月 17 日，临矿集团启动大数据建设，历时 16 个月，浪潮集团助力临矿集团建成了大数据平台，为企业的创新发展奠定基础。

1. 搭建临矿集团主数据管理平台，解决业务系统基础数据标准化的问题

临矿集团梳理并制定了 31 个关键主数据标准，针对每个字典项，明确数据来源、数据定义、编码规则、数据元属性、值域及代码信息，形成主数据管理组织、主数据管理流程、主数据接口集成规范等，制定了包括《临矿 MDM 管理流程标准》《临矿 MDM 技术流程标准》《临矿主数据调研报告》《临矿主数据规划方案》《临矿主数据管理办法（暂行）》《临矿数据交换方案》等。

2. 建立临矿集团数据采集平台，实现了企业内外部数据的统一采集

临矿集团实现对山能集团系统数据、临矿集团内部数据以及互联网的外部数据等自动采集。内部的数据采集使用 IDI 聚数工具可以定时进行数据采集，构建了全方位的数据采集平台，通过开发 Webservices 接口实现对财务、物资、销售的数据自动采集。通过统计报表，实现了久其报表的一键式导

入，解决了与久其报表的对接问题，对财务、煤质等数据进行手工填报，解决数据缺少信息系统支撑的问题。通过网络爬虫工具实现对煤炭行业行情等数据的爬取。

3. 建设涵盖核心业务的大数据仓库，打通基础数据

临矿集团通过大数据仓库，对久其报表、财务数据、物资、采购、销售、调度数据、MES、井下人员定位、人力资源、舆情系统等 18 类数据源，进行了抽取、清洗、转化等一系列流程，建立了统一的、面向业务主题的数据仓库，解决了数据孤岛的问题，形成 ODS 层表 500 个，数据量 410 356 879 条，属性 30 675 个；维度表 186 个，数据量 2 181 688 条，属性 903 个；事实表 234 个，数据量 51 815 972 条，属性 2 745 个。

4.“三线”管理的云中看板，成为领导精细化管控的有效抓手

临矿集团刘董事长，把面向管理层的移动分析主题命名为“云中看板”。在云中看板的建设中，以指标线、预警线、风险线的“三线”管理为指导，尽量简洁明了，又能让领导及时发现问题，并严格按照不同领导分管不同的业务关注不同的数据进行权限分配。领导通过“三线”分析，能够及时了解企业经营的异常问题，做到随时随地分析问题、解决问题。

5. 构建领导决策、指挥看板，实现精准管控、挂图作战

对人员、财务、生产、供应、销售、煤质等业务进行分

析，为企业的一把手、各业务部门领导提供了可视化的领导看板，实现了生产运营管理的“挂图作战”。

6. 构建丰富的分析模型，打造智慧临矿集团

临矿集团建立了关键岗位的人员岗位匹配度模型。该模型围绕人员的岗位要求、技能水平、身体状况、行为轨迹等进行综合考量建模，根据自动核算关键岗位人员的匹配程度，对匹配程度低的人员进行自动预警，给人事部门及时提出合理化建议。

临矿集团通过建立“四管人员”画像，有效嫁接廉洁风险防控管理理念，把人、事、权都纳入了数据的“笼子”里，充分发挥大数据平台“火眼金睛”的作用，让用权者知畏知止、监督者随时可查，开展线索追踪，让违纪者无处遁形，及早发现廉洁风险点，及时进行预警预控，将问题消灭在萌芽状态，实现事前、事中、事后的全程监管、全程监督。

7. 提供自助服务和智能服务，提升关键岗位人员的工作效率

临矿集团针对关键岗位人少、事多、数据难统计的状况，通过构建财务综合查询，智能报告，销售、物资等专题分析，切实减少了关键业务岗位的工作量，如古城矿财务人员原来要花 1 天半的时间做分析报告，2 天的时间出内部分析报告，现在通过智能报告实现 1 分钟统计。财务综合查询解决了原来老系统科目余额查询速度慢、跨年查询难等问题，而且还可以穿透到原始的单据信息；搭建针对关键业务岗位的产销

平衡分析、四金占用分析、物资采购分析等专题，改变了业务人员原有工作模式，形成利用数据来深度分析、查找问题、用数据说话的习惯。

8. 大数据已成为临矿集团的新名片

临矿集团党委书记、董事长刘孝孔对大数据中心的工作给予了充分肯定，并表示：大数据建设在集团公司思想、技术和管理提升中具有重大意义，要充分发挥大数据在企业安全生产、经营管理、智能化控制等方面的重要作用；继续加强对数据的归集和分析，更多地挖掘数据价值，在煤炭企业大数据建设方面寻求重大突破，争做行业第一。自 2018 年 3 月 18 号临矿大数据中心上线运营以来，接待政府、科研院所、企事业单位、山东能源集团，以及兄弟单位、行业单位等，100 多次共计 2000 余人，大数据已经成为临矿集团创新发展的新名片。临矿集团大数据中心现场如图 3-28 所示。

图 3-28　临矿集团大数据中心现场

第4章

智能制造是数字化转型的主战场

4.1 软件定义智能制造

随着软件定义网络（SDN）、软件定义存储（SDS）、软件定义数据中心（SDDC）等的出现与流行，随之出现了软件定义一切（Software-defined everything，SDE）的概念，用来指代各种不同的“软件定义”。软件定义的技术本质是硬件资源虚拟化和管理功能可编程，也就是把原先一体化的硬件设施打破，将基础硬件虚拟化并提供标准化的功能，然后通过管控软件控制其基本功能，提供更开放、更灵活、更智能的管控服务。软件定义已成为引领新一轮科技革命和产业变革的核心动力。

智能制造是基于信息物理系统（CPS）与软件定义技术构建“状态感知—实时分析—自主决策—精准执行—学习提升”的数据闭环，以软件形成的数据自动流动来消除复杂系统的不确定性，使系统能够自适应内外部的各种变数，实现企业制造资源的最优化配置。

2016 年 5 月，国务院发布了《关于深化制造业与互联网融合发展的指导意见》，明确提出“强化软件支撑和定义制造业的基础性作用”，从国家战略的高度明确了新时期工业软件的地位。安筱鹏博士在《重构：数字化转型的逻辑》一书中提到“软件定义制造的本质是研发设计、生产制造、经营管理、运维服务等全生命周期业务环节规律的模型化、代码化、工具化，从根本上优化制造业产品装备、生产方式、组织管理和产业生态，是实现智能制造的核心”。软件是人类知识数字化的结果，在制造领域，工业软件基本上沉淀了制造业所有的优秀的知识积累。可以说，没有软件的支撑，智能制造将无从谈起。

由此可见，软件技术是新一轮制造业革命的核心竞争力之一，面对数字经济带来的技术变革和产业革命，国内外制造业领军企业纷纷进行软件产业战略布局。分析 GE（通用电气公司）、Siemens（西门子公司）的收购史可以发现，从 2000 年前后至今，两家工业巨头在不断收购软件厂商，扩充其在软件领域的实力。2014 年，Siemens 成立数字化工厂集团——“全球智能制造软硬件整合解决方案提供商”；2015 年，GE 成立 GE 数字集团，并计划到 2020 年成为全球十大软件供应商之一。从这个角度看，GE 和 Siemens 不仅是制造行业领军企业，同时也是很有实力的软件厂商，在提升企业经营管理和信息化水平方面已经有了多年积累，都在毫不犹豫地向软件企业转型，也正是基于这种积累，GE 提出了工业互联网的概念。国内市场的一批敏感企业也察觉到这种转型发展的机遇，围绕如何构建软件竞争优势进行全方位的战略布局。宝信、石化盈科都是脱胎于制造企业的软件服务商，以系统解决方案为切入点，已发展成为行业龙头企业。以徐工、海尔为代表的制造企业成立了专门的信息化公司/部门，拓展其软件能力。华为作为通信设备制造商，其研发人员中 50%是软件开发人员。

软件定义智能制造主要体现在 5 个方面：产品、企业管理流程、企业生产方式、企业新型能力、产业生态。

1. 软件定义产品

首先，软件定义产品的功能。物联网技术飞速发展，产品功能演化为动力部件、执行部件、智能部件、互联部件四个模块，软件定义的基本功能，使得未来的智能产品可以被监测、控制和优化，产品功能的灵活性、易扩展性、安全性、可管理性都是通过软件实现的。其次，软件定义产品的结构。这种结构的基本逻辑是把通用的功能硬件化，把可变的部分软件化，重构和优化产品结构与功能的同时重构产业的价值链，使产品实现高质量升级。纵观历次工业革命，产品结构变化映射的是从解放人类体力到解放人类脑力的跃迁，而软件就是贯穿其中的“定义者”“思想者”“主导者”。

2. 软件定义企业管理流程

基于软件的业务流程管理正在成为现代企业核心竞争力的重要组成部分，软件贯穿生产制造全过程、全产业链、产品全生命周期。在研发设计模式方面，软件为研发主体、流程、手段带来重大变革，具体来说，研发主体由企业内部的研发部门向协同研发设计演进、研发流程由顺序进行向并行进行演进、研发手段由试错法向数字仿真手段演进；在经营管理模式方面，软件支撑 JIT、精益生产、六西格玛、BPR 等管理思想落地，推动管理流程优化，通过“软件+数据”服务企业决策；在组织架构方面，软件与 IT 技术的发展推动组织的变革，企业的组织形式从层级式转变为平台化的组织管理方式，企业正在成为一个赋能平台，很多部门在转变为一个自组织，员工从“被雇佣者”转变成“合伙人”。

3. 软件定义企业生产方式

软件对企业生产方式定义的最重要的标志是实体制造和虚拟制造的融合，传统的设计制造→测试→再设计的流程正在被颠覆，软件推动了制造业的生产范式的迁移。研发、设计、仿真、测试、制造在虚拟空间完成之后，再到实体空间生产和制造，以快速迭代、持续优化、数据驱动重建制造效率、成本和质量。同时，软件定义生产方式还体现在大规模生产到个性化定制的转变，以数据的自动流动化解制造系统的不确定性、多样性和复杂性，推动网络化协同生产不断深化，实现智能制造。

4. 软件定义企业新型能力

软件定义企业的新型能力主要体现在四个方面：一是产品研发创新能力，当前 CAD、CAE 等软件已经全面融入产品研发的各个环节，实现需求分析精准化、研发创新高效化、研发资源集约化；二是精益和柔性生产能力，包括精益生产能力、成本精细控制能力、产品全生命周期管理能力，这些能力都是通过软件进行提升的；三是市场需求实时响应能力，通过软件来提升企业的客户精准分析能力、实时感知能力、快速响应能力；四是全生命周期服务能力，包括预测性维护能力、制造资源分享能力等。

5．软件定义产业生态

软件支撑智能制造产业新生态的形成，包括由计算机和移动智能终端构成的智能终端产业生态；由智能机器人、智能机床、智能工程机械构成的智能装备产业生态；以及智能制造产业生态，即构建基于智能机器的数据采集系统、形成智能分析工具、搭建开放平台实现工业 App 的开发。

4.2 工业互联网是智能制造支撑平台

从全球来看，制造业数字化转型已成为各国重要战略之一。而国家间的竞争，未来制造业的发展愿景，都落在了智能制造上。美国提出“先进制造业伙伴计划”、德国提出“工业 4.0 战略计划”、日本提出“社会 5.0 战略”等，都将发展智能制造作为本国制造业数字化转型的主要路径。我国也明确提出，要以新一代信息技术与制造业深度融合为主线，以推进智能制造为主攻方向。智能制造在中国越来越热，随之而来带给制造业管理者的困惑就是，什么是智能制造，如何推行智能制造？

中国工程院院刊 Engineering 的观点性文章“走向新一代智能制造”指出，智能制造是一个不断演进发展的大概念，是先进信息技术与先进制造技术的深度融合，贯穿于产品设计、制造、服务等全生命周期的各个环节及相应系统的优化集成，旨在不断提升企业的产品质量、效益、服务水平，减少资源消耗，推动制造业创新、绿色、协调、开放、共享发展。

为进一步推动我国制造业转型升级，2017 年 10 月 30 日，国务院印发了《关于深化“互联网+先进制造业”发展工业互联网的指导意见》，提出大力发展工业互联网，通过 IT 与 OT 的融合将实现企业动态互联、资源优化配置、业务精准协作的愿景。工业互联网已经成为智能制造的关键支撑和深化“互联网+先进制造业”的重要基石，有效助力工业企业开展数字化转型，构建智慧企业。

4.2.1 工业互联网内涵与技术体系

1. 工业互联网的内涵

从广义上讲，工业互联网通过低成本的连接设备、产品、用户、供应商、开发者等，消除了空间的地理距离，改变了信息不对称的主动方和被动方的地位，使用户的主导地位得以确定。从这个角度看，工业互联网的核心价值就是在全面连接的基础上，通过数据的互联互通形成企业大数据，进而对数据进行分析，把所得到的分析结果反馈回设备运行，并优化企业的生产、运营与决策，形成数据智能，催生新的模式和业态。从狭义的角度看工业互联网，其核心是物联网。

工业互联网的本质是五个连接（如图 4-1 所示）。

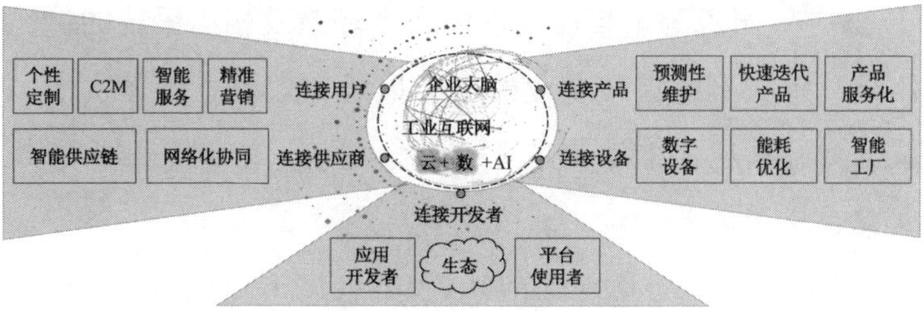

图 4-1　工业互联网：企业数字化转型的支撑平台

（1）连接设备

通过连接工业企业现场的各类设备，实时采集各类设备数据，完成数据清洗、标准化转换和存储，并提供数据服务方便 ERP、MES 等业务系统调用，实现设备与企业经营管理的互联，之后通过实时的数据分析，将洞察转换成最佳决策，并得以精准执行，以闭环反馈实现整个生产过程和业务流程的智能优化。连接设备的场景主要发生在智能工厂中，涉及物联网、5G、边缘计算、大数据、SCADA 等技术，机械、装备、船舶、粮食、能源等行业会优先完成设备的连接，再逐步扩展到对供应商、产品、用户和开发者的连接。

> 工业互联网的本质是五个连接：连接设备、连接产品、连接用户、连接供应商、连接开发者。

（2）连接产品

产品和制造的服务化成为大势所趋，企业对产品的关注重点从“卖产品”向“卖服务”转移。借助工业互联网强大的连接能力，企业能够在销售过程完成后持续对产品进行连接，收集消费者在产品使用中产生的各类数据，通过数据分析产生洞察。不仅提升了用户体验，将消费者的使用感受及时反馈到产品设计中，而且提升了产品迭代速度，同时也使预测性维护成为现实。连接产品需要用到移动互联网、物联网、大数据、机器学习等技术，主要针对机械、装备、家电、智能家居、汽车等行业，用以完成产品服务化转型。

（3）连接用户

数字时代，以企业为中心的产销格局向以用户为中心的格局转变，通过连接用户，实现了用户在交互、定制、设计、采购、生产、物流、服务等环节的全流程参与，在整个过程中，用户既是消费者，也是设计者、生产者，把“产销合一”做到了实处，C2M、个性定制、精准营销、全渠道多接触点、用户参与创新等新制造模式不断涌现，借助移动互联网、大数据、电商平台、人工智能等技术和手段，家电、鞋服、快消品、家具等行业将快速实现制造模式的变革与创新。

（4）连接供应商

工业互联网充分利用网络信息技术，打破时间、空间的约束，将串行工作模式转变为并行工作的协同制造模式，实现供应链内及跨供应链间的企业产品设计、制造、管理和商务等的协同合作，它们相互交换商品和信息，共同执行业务流程，最终达到资源充分利用的目的。智能供应链、网络化协同是典型的应用场景，主要针对飞机、船舶等产品结构复杂、设计周期长、制造环节多的大型装备制造业，涉及移动互联网、物联网、5G、大数据等技术。

（5）连接开发者

工业互联网需要将工业领域大量的技术原理、行业知识、基础工艺、业务流程以及专家经验进行规则化、软件化、模块化，能够调用、复用、传播，因此，工业互联网的长远发展必须做到能够连接海量开发者，利用开源、微服务等技术，各行业的工程师和个人开发者可以针对工业知识进行建模，开发工业 App 供平台使用者使用，形成开源开放的生态。

2. 工业互联网的技术体系

工业互联网的技术体系涵盖边缘层、IaaS 层、平台层（或工业 PaaS 层）、应用层（或工业 SaaS 层）、安全防护。其中，边缘层、平台层、应用层是三大重要层级，如图 4-2 所示。

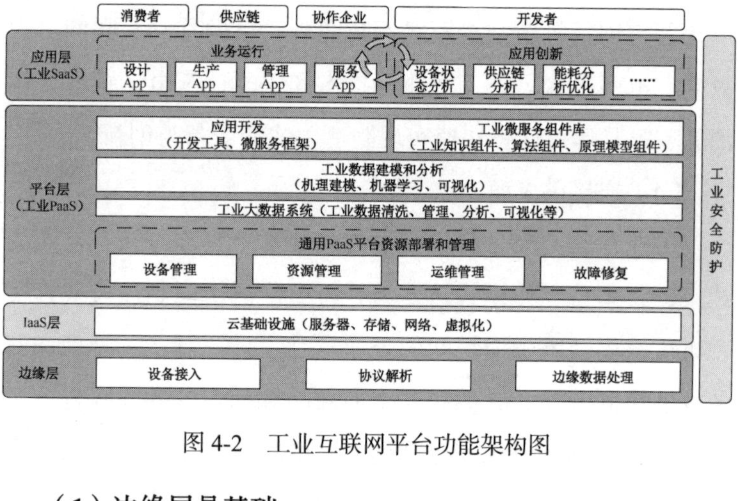

图 4-2　工业互联网平台功能架构图

（1）边缘层是基础

边缘层通过对海量设备的连接和深层次的数据采集，以及异构数据的协议转换、边缘处理、云端协同，构建工业互联网平台的数据基础。在工业领域，由于协议和规约不同，不同厂商设备之间的连接存在原生壁垒，成为制约工业互联网发展的重要原因之一，因此，强化协议转换能力成为平台的重要发展方向。例如 GE Predix Machine 利用 OPC UA 技术实现不同工业网络协议的转换。其次，强化边缘与云端协同能力是另一个重要发展方向。例如 ThingWorx 平台将云端模型导入边缘设备进行实时分析，并根据反馈数据进一步优化云端模型，实现双向迭代。

（2）平台层是核心

平台层基于通用 PaaS 叠加大数据处理、工业数据分析、工业微服务等创新功能，构建可扩展的开放式云操作系统。一是提供工业数据管理能力，将数据科学与工业机理结合，帮助制造企业构建工业数据分析能力，实现数据价值挖掘；二是把技术、知识、经验等资源固化为可移植、可复用的工业微服务组件库，供开发者调用；三是构建应用开发环境，借助微服务组件和工业应用开发工具，帮助用户快速构建定制化的工业 App。

（3）应用层是关键

应用层提供从设计、生产、管理到服务的全流程创新性业务应用，构建良好的工业 App 创新环境，使开发者基于平台数据及微服务功能实现应用创新。最终形成满足不同行业、不同场景的工业 SaaS 和工业 App，实现工业互联网平台的最终价值。

从工业互联网与企业应用的关系可以看出，从技术的角度出发，工业互联网作为创新性的新技术组合，增强了企业应用软件全面感知、实时分析、智能优化的能力，帮助企业更快地从信息化走向数字化，最终实现智能化。从整个产业的角度，工业互联网是一个通用性的赋能平台，能够对产业的数字化转型进行全面支撑，在这种视角下，企业是一个“运营商”，企业应用软件是这个赋能平台不可或缺的部分，支撑企业业务流程运转和管理需求，确保企业稳定可靠的运作，辅助企业数字化能力由内而外不断向产业链延伸，最终形成跨产业平台。埃森哲认为，ERP 是驱动企业转型成为敏捷和响应型组织的核心力量。总体来看，在推动企业转型升级方面，工业互联网与企业应用软件两者必不可少，两者融通发展，共同构建智慧企业。

3. 工业互联网应用现状

相对于全球蓬勃发展的工业互联网大军，我国工业互联网建设仍处于起步阶段，发展基础和能力相对薄弱。目前国内工业互联应用主要集中在工业设备和工业产品的资产管理服务、打通 OT 与 IT，支持企业传统业务和运营优化。而基于工业互联网的企业新模式转型处于起步探索阶段。

国家工业信息安全发展研究中心发布的《全球工业互联网平台应用案例分析报告》指出：目前，设备和产品管理在工业互联网应用中数量最多、范围最广，报告中 83%的案例涉及该项内容，而基于平台开展业务转型和模式创新的企业只有 19%。行业应用方面，机械、能源行业成为应用工业互联网平台的主力军。在企业规模方面，报告中 62%的案例来自大企业，面对数字化转型挑战,大企业同时具备建平台和用平台的条件和压力，龙头企业向软件商、服务商转型的趋势明显，工业互联网平台成为帮助其转型的重要推动力量。工业互联网应用情况分布图如图 4-3 所示。

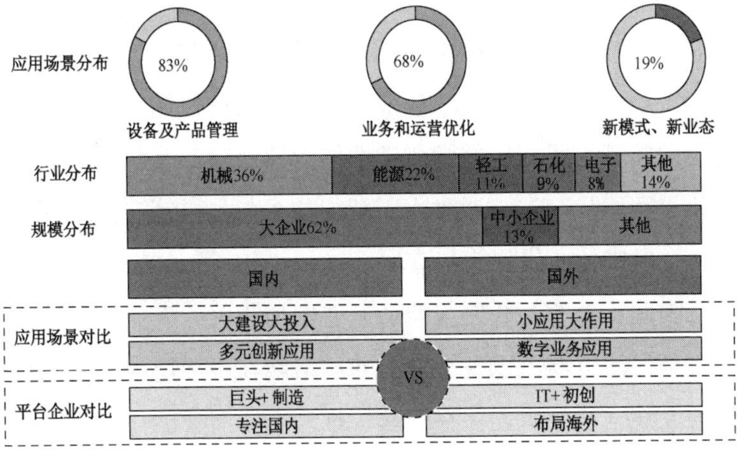

图 4-3　工业互联网应用情况分布图

报告也对比了国内外工业互联网应用发展特点，国内企业更倾向于“大手笔”的复杂应用，系统集成成为比较主流的工业互联网平台应用需求；国外企业的应用显得更加小巧、简单，是根据自身的关键痛点，以最小的投入获得最大的收益。这对我国工业企业有借鉴意义，我国工业企业需要从自身的业务出发，找准关键痛点，结合工业互联网主流的应用模式，实现“以小博大”。

4.2.2 工业互联网加速推动智能制造发展

中国工程院指出，智能制造发展经历了三种范式。一是数字化制造，通过对产品信息、工艺信息和资源信息进行数字化描述、分析、决策和控制，快速生产出满足用户需求的产品。二是数字化、网络化制造，通过网络将人、流程、数据和事物全面互联，通过企业内、企业间的协同和各种社会资源的共享与集成，重塑制造业的价值链。三是数字化、网络化、智能化制造，通过人工智能技术与先进制造技术深度融合，形成新一代智能制造。

因此，工业互联网与智能制造密切相关，工业互联网的核心是促使机器、设备、产品和网络能在更深层次与信息世界的大数据和分析连接在一起，推动企业向智能化发展。工业互联网支撑智能制造，智能制造帮助企业实现数字化转型的目标。

工业互联网通过建设与改造企业内外网络，实现或扩大对生产设备和产品的连接，然后利用物联网技术收集数据，通过工业大数据分析，优化制造工艺、设备维护和能耗管理等具体场景的应用。

在制造工艺场景中，工业互联网平台可对工艺参数、设备运行等数据进行综合分析，找出生产过程中的最优参数，提升制造品质。例如GE基于Predix平台实现高压涡轮叶片钻孔工艺参数的优化，将产品一次成型率由不到25%提升到95%

以上。

在设备维护场景中，工业互联网平台结合设备历史数据与实时运行数据，构建数字孪生，及时监控设备运行状态，并实现设备预测性维护。例如，Kontron公司利用Intel IoT平台智能网关和监测技术，将机器运行数据和故障参数发送到后台系统进行建模分析，实现板卡类制造设备的预测性维护。

在能耗管理场景中，基于现场能耗数据的采集与分析，对设备、生产线、场景能效使用进行合理规划，提高能源使用效率，实现节能减排。例如，施耐德为康密劳硅锰及电解锰冶炼工厂提供EcoStruxure能效管理平台服务，建立能源设备管理、生产能耗分析、能源事件管理等功能集成的统一架构，实现了锰矿生产过程中的能耗优化。

4.3 智能制造的五级成熟度模型

2016年9月，中国电子技术标准化研究院牵头发布了《智能制造能力成熟度模型白皮书1.0》，基于运营技术和信息技术在制造业中的应用水平，给出了智能制造能力成熟度模型的五个等级，分别为：1.0规划级，开始对智能制造进行规划，具备IT基础设施，还未真正进入智能制造范畴；2.0规范级，主要设备具备数据采集能力，部分支撑生产作业的信息系统能够信息共享，企业开始迈进智能制造门槛；

> 智能制造五级成熟度模型：数字制造、集成制造、协同制造、云网制造、智慧制造。

3.0 集成级，核心业务间实现了集成，数据在工厂范围内可共享，企业已完成了智能化提升的准备工作；4.0 优先级，能够对数据进行挖掘，实现了对知识、模型等的应用，并能反馈优化核心业务流程，体现了人工智能技术；5.0 引领级，实现了预测、预警、自适应，通过与产业链上下游的横向集成，带动产业模式的创新。这 5 个等级给出了企业实施智能制造的阶梯演进路径。

我们参考《智能制造能力成熟度模型白皮书 1.0 》，结合西门子等业界领袖对制造业未来形态的展望，以及对目标市场的分析，重新划分智能制造能力成熟度模型，将智能制造能力成熟度分成“智造 1.0—数字制造”“智造 2.0—集成制造”“智造 3.0—协同制造”“智造 4.0—云网制造”“智造 5.0—智慧制造”五级。

1．智造 1.0—数字制造：要素资源数字化，企业管理信息化

实现以制造环节为核心的内部供应链业务流程的信息化，制造活动基于技术高效地开展工作，生产设备也具备了数据采集条件，生产计划准确率、库存周转率、设备利用率得到提升，成本、库存占用、停工待料等低效和异常逐步降低或减少。智造 1.0—数字制造示意图如图 4-4 所示。

2．智造 2.0—集成制造：企业内部制造信息化闭环管理，消除孤岛

研发设计、销售、物流、生产计划与执行等核心系统之

间实现业务数据集成，能够从生产设备获取数据并监控运行过程，相互之间建立反馈、协同、共享和优化的机制，内部流程和运行效率得以进一步优化。智造 2.0—集成制造示意图如图 4-5 所示。

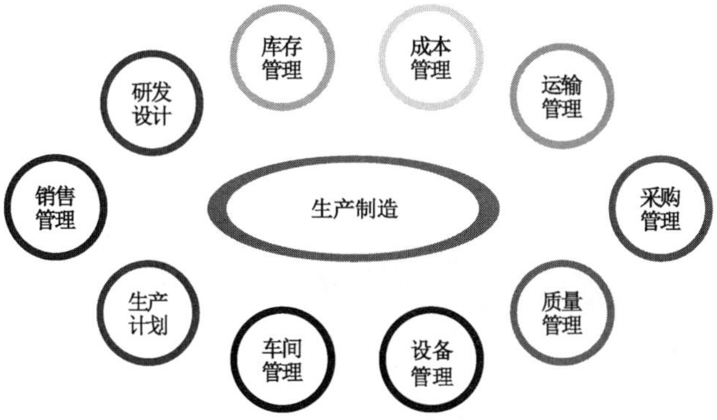

图 4-4　智造 1.0—数字制造示意图

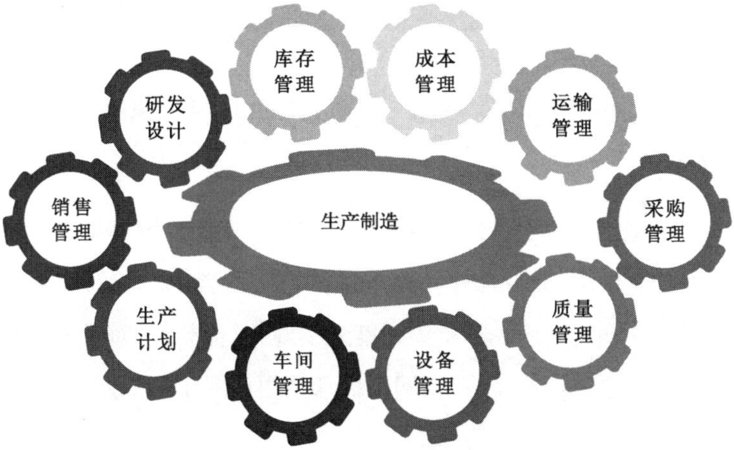

图 4-5　智造 2.0—集成制造示意图

3．智造 3.0—协同制造：制造连通客户和供应商，形成产业链

企业通过信息化手段和供应商、客户之间建立连接，可以从产业链协同中获得竞争优势，移动终端应用越来越丰富，能够支撑客户化定制，也能够跟踪和监督供应商、外协加工商的配套生产进度。智造 3.0—协同制造示意图如图 4-6 所示。

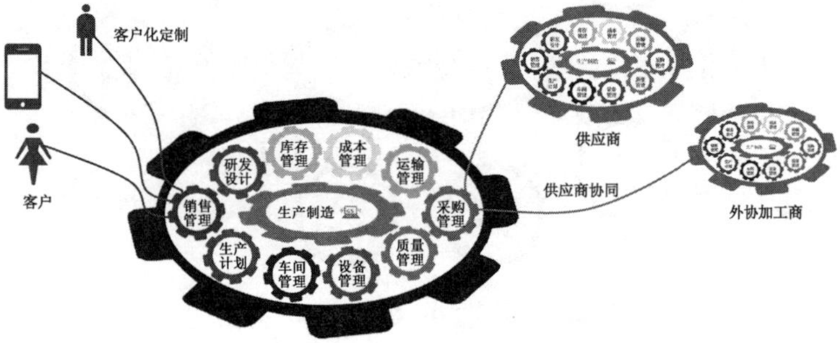

图 4-6　智造 3.0—协同制造示意图

4．智造 4.0—云网制造：制造资源上云，横向协同更加紧密

制造资源上云，价值链上的各类型终端完成数字化、网络化改造，实现端到端的网络协同制造，基于互联网实时连接，基于物联网实时感知，更大限度地实现并行制造、远程运维和个性化定制。智造 4.0—云网制造示意图如图 4-7 所示。

5．智造 5.0—智慧制造：社会级产业生态协同，AI 造就智慧的未来

智能制造的顶级形态是智慧制造，基于各类大数据的人

工智能服务普遍应用于社会和企业的各个环节，以人为本地实现了产品智能化、服务智能化、设备智能化、流程智能化，使得各类内外部生产资源得以最优化的应用，社会级产业生态成为企业开展业务的主要模式。智造 5.0—智慧制造示意图如图 4-8 所示。

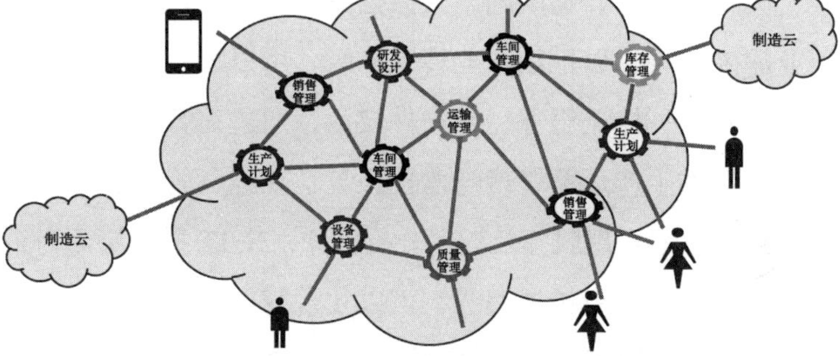

图 4-7　智造 4.0—云网制造示意图

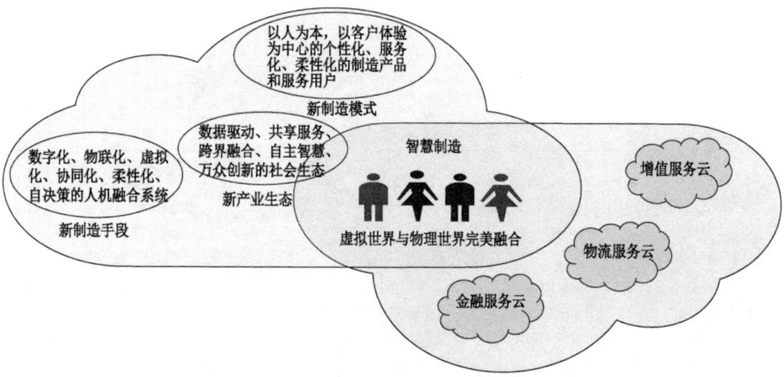

图 4-8　智造 5.0—智慧制造示意图

4.4 智能制造的实现路径

企业要想实现智能制造的宏伟目标，又该如何进行实践呢？利用云计算、物联网、大数据方面的领先技术与现代制造业深度融合，以推动产业转型升级，可以为企业提供智能制造软硬件一体化服务。在软件层面，通过在智能生产层面为车间提供生产运营管理与监控服务，在经营管理层面为企业提供供应链管理服务及数据分析服务，在 IT 技术层面为企业提供软件集成及扩展服务，可以实现智能制造软件层面的智能。在硬件层面，通过在 IT 技术层面为企业提供服务器、存储或云服务平台，在生产监控层面提供液晶屏等终端设备，实现智能制造硬件层面的智能。智能制造的实现路径如图 4-9 所示。

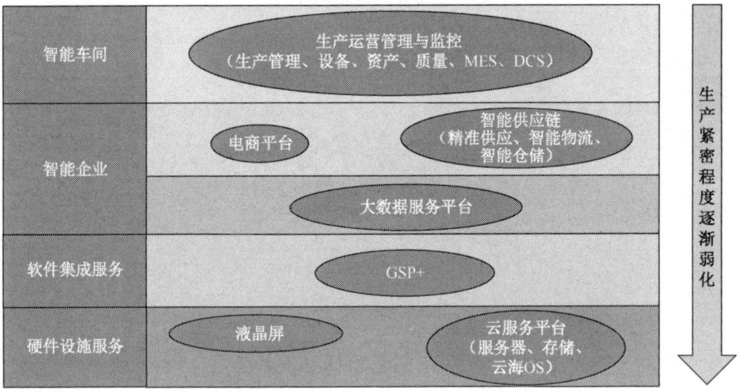

图 4-9　智能制造实现路径

4.4.1 智能车间管理

智能化生产运营管理与监控管理，即智能化生产制造系统，通过互联网帮助制造业实现互联互通和综合集成，将促进机器运行、物料配送、产品生产、市场需求之间的实时信息交互，原材料供应、零部件生产、产品集成组装等全生产过程变得更加精准协同；通过物联网平台与设备、仓库、运输车辆、电子秤等进行连接，为设计、制造、经营管理等生产经营活动提供资源支撑和服务保障，帮助制造企业实现端到端全价值链的管理，以及打通从顶层精益分析到底层基础设施的连接，全局实时管控，重新创造灵活的制造工艺并提高响应能力，实现制造转型升级。

1. 建立集团协同制造模式，提升企业竞争优势

集团制造企业，其生产管理的核心是协同企业的集团资源，通过集团供应链资源的优势，实现协同生产、精益生产，帮助集团企业编排高效的生产计划、精细成本管理，优化生产业务流程。协同制造模式按协同类型可分为战略协同、运营协同、计划协同、部件协同、工序协同等多种协同方式（如图 4-10 所示）。

2. 支持销售与生产预测的平衡，实现均衡化生产

智能化生产制造系统通过预测平衡和 ATP 检查（可用量检查）来实现销售和生产间的平衡，以销定产，以产定供，

销、供、产成为一个有机的整体。生产预测根据需求预测（销售计划）、库存计划编制生产计划。预测编制功能提供同步需求计划、追求目标周转天数等几种计算规则，可有效协同产销关系，减少浪费（如图 4-11 所示）。

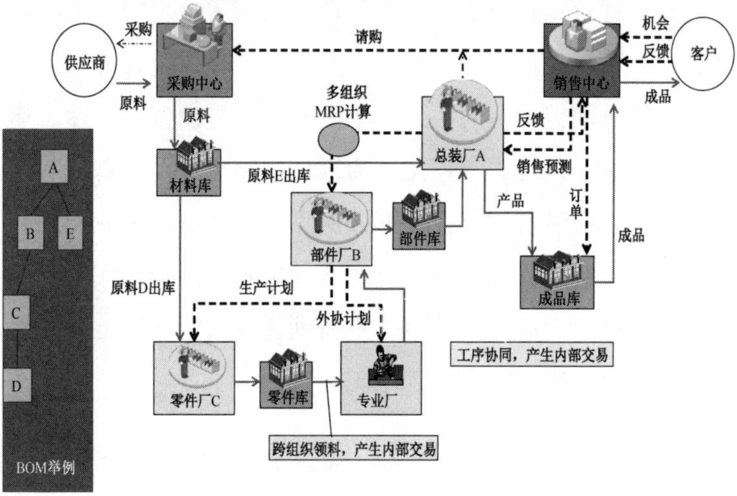

图 4-10　管控模式与制造协同

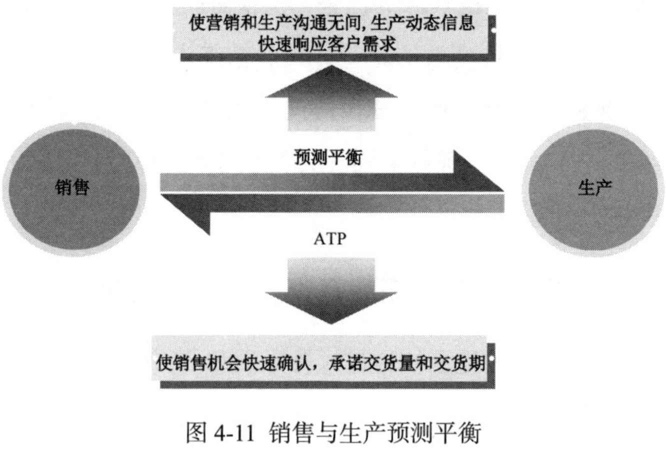

图 4-11 销售与生产预测平衡

3. 支持柔性制造，从容应对例外情况：插单、追单

生产制造系统提供多种排产方法，随时应对例外情况，支持生产订单变更，实现对生产订单的数量、交期、产品、BOM 和工艺的变更。在计划阶段（生产订单未执行），支持生产订单的取消、分割、合并。在生产订单已经下达后，未完工前可进行数量、计划完成日期、生产产品、生产 BOM 和生产工艺内容的修改，修改后影响所有备料信息、工艺路线的工序信息和产出计划信息。

4. 优化制造运营，实现制造与设备一体化

制造执行平台在工厂建模的基础上，借助实时数据库、OPC 协议等方式自动采集生产相关信息，实时反映车间运行状态，企业各级管理层在办公室就可以看到设备的运行情况，了解生产运行状况，提前做出决策。同时，自动采集的材料消耗可上报形成领料单，自动采集的产品产出可上报形成完工报告。

5. 系统融合，实现 PDM/ERP/MES 集成

PDM/ERP/MES 集成实施方案（如图 4-12 所示）首先进行 PDM/ERP 集成，实现设计、工艺、制造信息的总体集成；其次进行 PDM/MES 集成，使加工图纸信息、工艺简图等加工信息能及时、准确地传递给操作者；最后实现 ERP/MES 集成，打通生产计划和车间执行之间的断层，使 ERP 计划落地，形成闭环控制。这一方面要求加工任务能够及时、准确地下

达到各设备；另一方面需要现场加工信息能够被及时、准确地反馈给生产调度员，以保证计划的科学性和执行的可控性。通过 PDM/ERP/MES 的集成，实现产品数据的共享、计划信息的共享、执行信息的共享，为离散工件的生产和加工提供有效的支持。

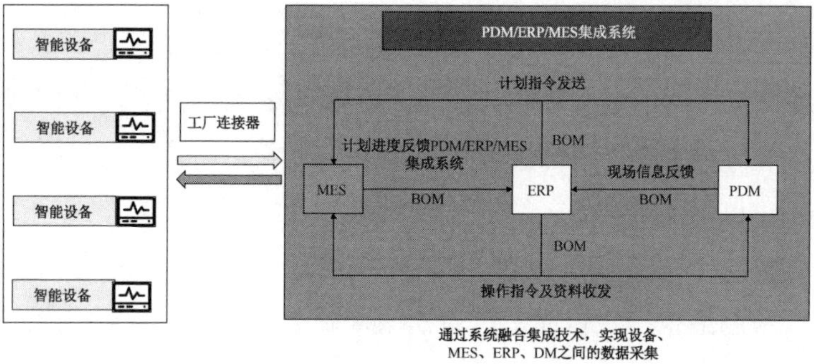

图 4-12　实现 PDM/ERP/MES 集成系统

4.4.2　战略资产管理

资产是国家和企业的重要经济资源。一方面，随着社会不断发展、财政改革不断深入，面对如今数额庞大的行政事业单位国有资产，原有的资产管理模式已经远远不能满足各层级管理和应用的需要。另一方面，激烈的市场竞争迫使企业高速度、高质量、高效率地安全生产，企业管理追求以信息技术手段创造价值，资产管理信息化作用日趋明显。资产管理功能架构图如图 4-13 所示。

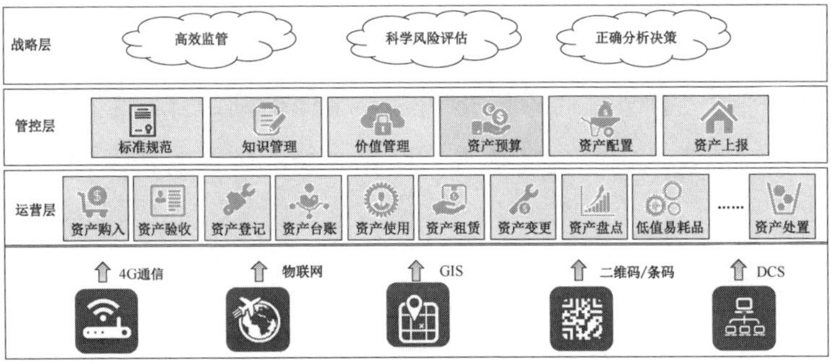

图 4-13　资产管理功能架构图

1. 支持资产的全生命周期管理

战略资产管理覆盖房屋、土地、机器设备、办公车辆、股权资产、无形资产、低值易耗品等资产全类别，以“资产生命周期”为核心，开展相关业务管理活动，实现资产购置、运营、处置的全过程管理，如图 4-14 所示。

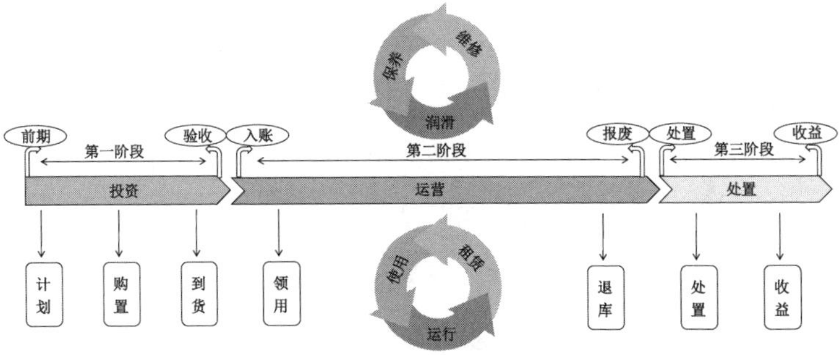

图 4-14　资产全生命周期管理

2. 智能状态监测及数据分析，开创资产管理新模式

战略资产管理支持资产运行状态自动监测及数据分析，

通过状态数据采集，并根据监测技术标准，自动分析确定资产需要进行保养、维修还是润滑等维保措施，开创了以消缺管理为源头，智能驱动维修、保养、润滑管理的新模式，如图 4-15 所示。

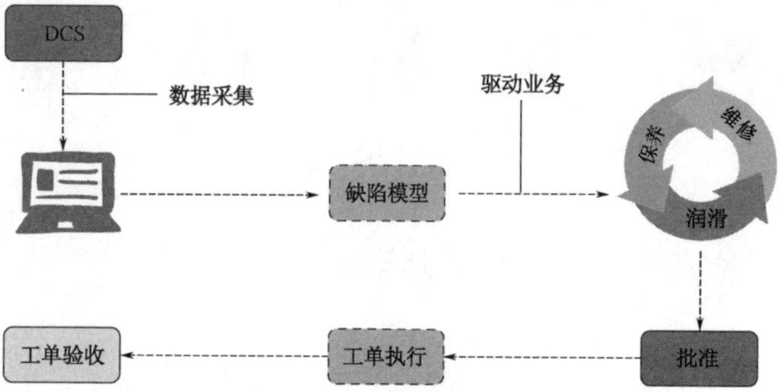

图 4-15　智能状态监测及数据分析图

3. 拥抱“互联网+”，支持在线地图的实时查询应用及二维码存储

战略资产管理深入应用“互联网+”理念，充分与百度地图结合应用，实现资产在线地图的实时查询及定位。同时，战略资产管理深度应用互联网新技术，支持资产信息二维码的存储及打印，实现资产管理信息存储及应用升级，为用户提供信息存储量更大、信息更安全的资产身份证。

4.4.3　智能供应链管理

通过采购管理、销售管理、库存管理等系统，可帮助企业实现线下供应链的全面管理，帮助企业建立高效的内部运营体系。借助互联网、物联网等先进技术，通过框架协议、供应商协同、寻源采购、WMS、客户协同、网上订单等构建企业线上业务。通过线上、线下业务的协同应用，实现企业从消费到供应，从线上到线下的全面管理，帮助企业实现精准营销。

1. 多种集团采购模式应用，构建高效率低成本供应体系

基于集团公司采购的业务处理，智能供应链管理支持多工厂、多采购组织，可以实现整个集团集中采购，并能兼顾实现单一企业采购。支持集中采购、集中结算的供应公司模式和集中采购、分散结算的采购组织模式，支持虚拟采购组织模式，支持跨公司的采购业务。通过对集团集中采购的管理，统一设定采购的标准和体系，控制采购限价，确保采购质量，实现对供应商的统一管理，发挥集团采购优势。高效率低成本供应体系如图4-16所示。

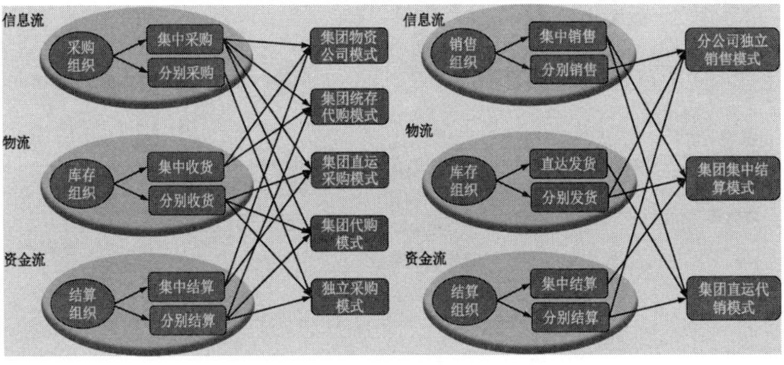

图4-16 高效率低成本供应体系

2. 结合物联网技术，构建企业产品质量快捷追溯体系

产品质量追溯体系能够帮助企业树立品牌形象，提升社会效应和经济效益。全程化的追踪管理，既加强了企业质量管理，减少纠错成本，又方便企业收集商品情报，了解消费趋势，提高自身的快速响应能力。在流程制造领域，尤其在食品、药品生产，以及一些化工产品制造领域，建立产品质量追溯体系已成为企业赖以生存的重要管理手段之一。智能供应链管理可结合 RFID 等现代物联网技术，实现从产品反向追溯其生产加工过程、原材料组成、原材料供应商情况等信息，也可从原材料正向跟踪和其相关的产品信息。产品质量快捷追溯体系如图 4-17 所示。

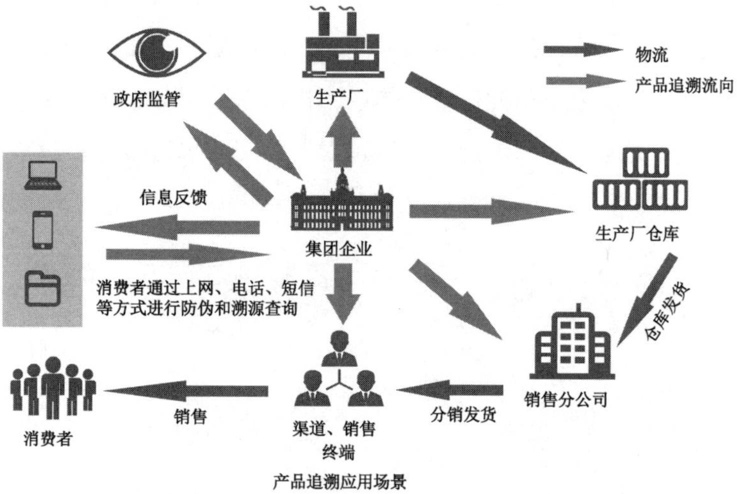

图 4-17　产品质量快捷追溯体系

4.4.4 数字电子采购管理

数字化电子采购，支持云中心、云端门户、云应用等模式，能够帮助企业提供上下协同、内外协同、一体化的集中采购寻源管理解决方案，让更多的供应商参与企业采购，大幅降低采购成本，提高采购质量，建立高效、稳健的供应链渠道，帮助企业细化采购需求源头管理，加强招标、竞价、询价过程中的管理与监控，选择优秀供应商，快速响应生产经营采购需要，降低采购成本。打通供应链企业之间的信息壁垒，加强企业与供应商之间的沟通协同和信息共享，实现采购、收货、结算协同，提高供应链运作效率，提升企业核心竞争力。

1. 集约采购，智能电子采购平台

随着国内企业逐步向产业化和社会服务化延伸，企业供应链在做好对内服务的同时，积极开展价值创造研究，考虑如何实现采购组织由成本中心向利润中心转变，考虑如何为社会提供增值服务，实现多方共赢。智能电子采购平台示意图如图 4-18 所示。

2. 商务协同构建供应链上下游的全景视图

数字电子采购实现供应链业务流程的协同整合，使企业上下游业务流程可以更迅速、更流畅地协同，涵盖生产、采购、仓库、质量、财务整个采购商务过程的信息互动和业务

流程协同，帮助企业建立供应链上下游的全景视图。

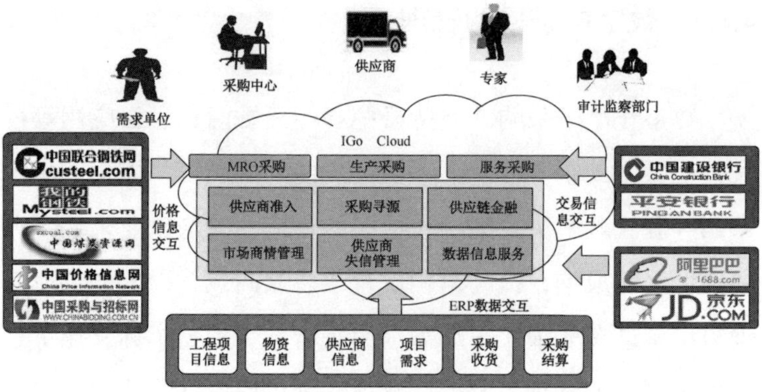

图 4-18　智能电子采购平台示意图

4.4.5　大数据服务平台

随着企业信息化的建设，企业逐步应用了计划管理、财务会计、全面预算、合同管理、资产管理、供应链管理、生产管理、制造执行管理、质量管理等多种业务应用系统，满足了多种业务层面的互通，保证了业务层面的有效信息传递。而对于企业的决策层、管理层以及部分业务人员来讲，他们不能有效地通过这么多业务系统获取想要的综合信息，特别是一些涉及业务的关键指标。大数据服务平台可以有效地解决这三个层次面临的困惑，提供多层级的应用。面向决策层，提供战略决策、企业价值评价、投资决策、预警与风险管理等；面向管理层，提供预测分析、最优生产、动态成本测算等；面向操作层，提供一线人员即时查询分析、报警提示等。

大数据服务平台围绕“数据”和“应用”，以人工智能、大数据、云计算和物联网为支撑，通过数据整合，构建企业大数据中心，为企业提供高层辅助决策、内部效率提升、风险防控等智慧应用。

大数据服务平台可以提供丰富的大数据分析工具：

① 自助分析从传统 BI 转向敏捷 BI，屏蔽技术细节，只要简单拖拽，即可制作出丰富的图表。

② 大屏设计器提供丰富的展示模板，业务人员通过简单配置，即可设计出精美的大屏展示。

③ 报表中心提供灵活的报表组件，为企业提供数据采集及各类业务报表应用。

④ AI 人工智能，以算法和模型为支撑，实现工具智能化转型。

4.5 智能制造的实践价值

4.5.1 智能制造的价值

构建以智能、精细、连接为核心的新价值网络，助力中国制造企业提高生产效率和产品质量，降低成本，缩短交货期。

连接：智能制造连接是基础，连接设备、连接系统、连接供应商、连接客户、连接员工，目前“互联网+”正成为制造业最高级别的连接。只有通过连接，才能将企业的数据进行采集、存储、加工，为企业提供服务。通过连接，将企业内外资源进行协同，为企业提供了更多的资金、物资、设备等服务，改变以往的商业模式，将以企业为中心的封闭供应链转变为以企业为核心的开放产业链。

精细："互联网+"改变着客户需求，从而改变企业的组织形态、生产方式等多个方面。互联网引入了更多的开放性竞争厂商，个性化和小批量正成为客户需求的常态。企业为了提高竞争力，必须要以更快的交付和更低的成本来满足客户需求。企业通过设计阿米巴等组织模式进行组织的扁平化、无边界化和移动化，从而提高效率和质量；通过与供应商、外协商、客户进行订单协同、网络协同，从而提高整个社会的效率和质量。

智能：精细化管理为企业提供了充分的、可信的、实时的数据，以大数据为支撑的智能制造、智能供应链、智能物流、智能分析、智能决策落到实处，使得企业建立数据化驱动管理成为可能。数据驱动管理主要通过实现企业内部数据、外部数据的采集、整合、存储，形成企业大数据，然后利用分析模型，揭示数据规律，通过可视化工具，向最终用户直观呈现，在传统的分析应用之外，还提供了一些创新的数据服务。

智能制造方案将协助企业进行数字化驱动管理，以数据洞察作为核心驱动力，始终贯穿整个新价值网络。数据洞察以需求导向、创新驱动、敏捷生产、协同合作的方式贯穿整个新价值网络，实现精准实时响应需求、持续优化产品研发创新、实时指导生产资源配置和决策，以及全球范围内产业链的互联互通。

4.5.2 智能制造的创新实践

实践是检验真理的唯一标准。智能制造一定要产生有效的经济与社会价值，一定要能切实推动传统企业的智能化转型升级。

1. 伟星拉链的智慧排产

浙江伟星股份有限公司（简称“伟星股份”）专业从事纽扣、拉链、金属制品等服装辅料的研发、制造与销售，是世界上最大的纽扣生产企业之一，国内服饰辅料行业的首家上市公司，拥有临海、深圳等多个工业基地，年生产各类中高档纽扣近 100 亿粒，拉链 6.5 亿多米。

作为国内拉链行业“大哥大”的伟星股份，近年来实行大规模生产定制模式，最大限度上满足客户的个性化需求，然而随着企业规模扩大，人员、设备越来越多，企业信息化进程与企业快速发展需求的不匹配现象日益凸显。2012 年，伟星股份引入浪潮 GS 系统，对外打造供应链管理系统，实现了上下游企业的互联互通，对内实施订单成本法，实现了企业内部的精细化管理，同时还致力于打造“智慧工厂”，实现传统制造企业的华丽转身，以其敏捷柔性的可定制化生产模式领跑国内辅料制造行业。

（1）打造供应链管理系统，快速感知上下游的需求变化

伟星股份使用浪潮 GS 系统，结合互联网的应用整合供应链业务系统，通过对全国20多家销售公司、50多个销售网点的销售系统平台节点，自动收集客户订单与反馈，自动进行订单汇总，汇总后由生产计划管理系统进行统一排产，快速感知供应链上游需求变化，企业生产计划也能相应快速变化，敏捷做出反应并持续改进和提高。这不仅实现了客户一站式网上下单，个性化产品选配，加速订单流转速度，还减少了订单差错率，客户满意度也得到了显著提升。

① 销售管理方面：订单从接收到计划排产完成，时间平均缩短约 24 小时，订单确认到产品交货时间平均缩短约 24 小时，客户投诉响应时间平均缩短约48小时，提高了订单及客户投诉响应速度，有效提升了企业竞争力。

② 采购管理方面：通过系统管理1 000多家供应商，价格变化响应时间缩短至2～4小时，原材料采购周期平均缩短约36小时；通过同质比价，选择最优货源，有效降低了企业成本。

③ 库存管理方面：使各个原材料仓库数据有效共享，能够全面统计原材料库存，库存统计准确率达到95%～98%。

（2）实时成本提升企业集约化经营管理

在财务成本管理方面，实施订单成本法，建立标准成本核算体系，让每份订单的盈亏情况都能事先预知，提供接单的决策依据。通过快速核算成本、交期，实现了自动排产，建立了在成本、进度、质量方面的竞争新优势，实现了订单量 5 年内翻番，计划排产人数不增反降，准时交货率提升了18%，日产量提高了3倍，生产周期缩短了32%，满足了客户的个性化定制要求，同时，每天的盈亏情况一目了然，在同行业近些年不景气的情况下，实现了每年可持续增长。

伟星股份通过实施浪潮 GS 系统，与 APS、MES 系统集成，解决了人工排产方式存在的诸多弊端，实现了 16 个车间基于网络订单的自动化排产，为“智慧工厂”的打造提供了强大的信息管理支撑。

2. 华力电机：基于浪潮 MOM，打造智能生产执行体系

山东华力电机集团股份有限公司（简称“华力电机”）是以电机研制开发、生产制造为主业的国家大型企业集团，年生产能力 120 万台、2 000 万千瓦，产品涵盖了 40 多个系列 11 000 多个规格，是中国中小型电机行业最具规模和实力的制造企业之一。

近年来，随着业务的拓展和客户的增多，华力电机的产品线不断丰富，生产规模扩大、产品种类增加给企业带来了诸多问题，急需智能化转型来应对生产经营中的重重挑战。2017 年，华力电机与浪潮云 ERP 合作，应用浪潮 MOM 智能套件，打造敏捷智能的生产执行体系，对生产车间进行智能升级，解决了生产管理过程中设备治哑、排产低效、资源浪费等问题，为智能制造深入应用奠定坚实的基础。

（1）引入条码管理，质量实时追溯

借助 MOM 条码管理功能，华力电机的员工只需扫描产品条码，即可获取产品的工序、工位、质检信息，为质量追溯和防伪工作提供了强有力的支持。电机的整机、定子、转

子，既可根据各自条码单件管理，又可在系统中生成配套关系记录。条码管理结合生产计划执行管理，实现定子配套，使操作准确率提升至 96%。

（2）应用数据采集，优化生产流程

应用 MOM 后，华力电机可随时使用数据采集功能，将设备数据抽取到浪潮 MOM 中进行统一管理。通过采集工位机数据，结合条码管理，实时监控记录产品生产全过程；通过与电工线自动嵌线数控设备、高速冲设备进行通信，采集数控设备数据，实时监控设备运行状态。

数据采集功能覆盖了生产线上 90%的生产设备和检验设备，实现了边缘端数据采集，并将关键参数上传云端，利用大数据分析进一步优化生产工艺及流程。

（3）与 ERP 系统集成，打通上下游业务

浪潮 MOM 与现有 ERP 系统集成，实现了销售接单、车间排产、车间自动报工与入库、产品发货等环节的端到端流程一体化。某一产品的生产计划在 ERP 系统确认后，自动下发到生产线，再由 MOM 在线下达车间日生产计划。通过跟踪当天的日计划执行情况，计划员既可随时查询生产计划的执行进度，也可清楚掌握每道工序的完工状态，查看产品出入库等环节的数据，从而进一步优化排产计划。

第5章

新一代企业信息化架构

数字技术是企业数字化转型的核心驱动力，数字技术与企业业务的融合，要有新型的企业信息化架构来支撑，要有新型的数字化平台帮助落地。企业的数字化转型是渐进式的、复杂的、体系化的，需要统一规划和方法论的指导，以帮助企业与时俱进、持续创新，适应客户与市场需求的不断变化，形成先人一步的竞争力。

5.1 双模 IT 与双层 ERP

以大数据、云计算、5G、人工智能等为代表的新技术快速发展，使得企业 IT 也面临重大变革，从传统的运作模式向顺应时代的全新模式过渡。全新的模式与数字化转型相融相生，既要注重传统模式的 IT 基础建设和规划，保障核心业务的效率、安全和可靠，又要满足客户及市场不断变化的创新需求，实现企业的敏捷创新。只有两种模式（双模 IT）并存，才能更好地赋能企业数字化转型，引领企业持续创新发展。双层 ERP 不仅在集团层面实现集中管控、服务共享，而且在产业层面满足企业个性化运营管理的需求，助力企业实现降本增效，同时，推动企业的业务支撑能力有效提升。双模 IT 和双层 ERP 为企业数字化转型提供了强有力的方法论指导。

双模 IT 和双层 ERP 为企业数字化转型提供了强有力的方法论指导。

5.1.1 双模 IT

随着信息化的不断发展，企业的业务模式正在逐渐发生变化，企业的 IT 架构面临着新的挑战。一方面，许多传统的企业仍然需要传统的 IT 模式，以维持其关键业务的安全可靠性和稳定性；另一方面，随着企业数字化程度的加强，越来越多的业务面向互联网，这要求企业的 IT 模式具有较高的敏捷性。如何在满足稳定性的同时，更加敏捷地应对不断变化的业务需求，成为企业 IT 部门必须思考的问题。为了满足这两种业务模式的需求，保证企业业务的正常发展，同时帮助企业成功进行数字化转型，Gartner 在 2014 年提出了双模 IT 的理念（如图 5-1 所示）。

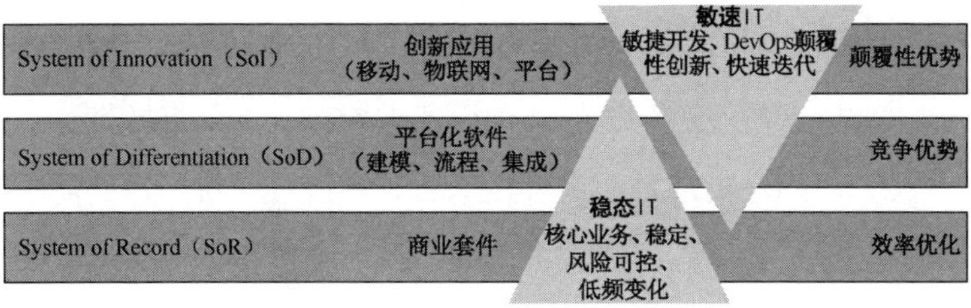

图 5-1 双模 IT

双模 IT 具体包括以下两种模式：一是传统 IT 模式，强调稳定性，也可称之为稳态 IT，以满足企业业务稳态发展的需求；二是敏态 IT 模式，强调敏捷性，以达到企业业务快速响应市场需求、敏捷开发的要求。传统 IT 模式比较传统、线性，侧重于安全可靠和稳定；相比之下，敏态 IT 模式更具备探索性，是非线性的，强调敏捷和快速响应。企业能否赢得数字化的成功转型，关键在于敏态 IT 模式。

传统可规划的 IT 模式无法满足企业业务模式发展的需求。因此，企业的 IT 部门不应只遵循传统的 IT 模式，除关注传统的架构、应用外，还应考虑新的收入流、新的产品、服务以及新的商业模式，例如营销的数字化、生产流程的数字化等，这有利于帮助企业赢得数字化转型。举例来说，一个原本只进行线下销售的传统企业，在数字化转型的驱动下，采用双模 IT，在保持原有线下销售业务的同时，积极开展面向互联网的业务，利用网站、微信等第三方平台进行线上销售，这不但帮助企业开拓了更多的线上客户，同时也给客户提供了更加个性化和便捷化的服务。不仅如此，在大数据、云计算、物联网等技术的支持下，产品的生产流程更加柔性化，支持客户个性化定制。

总结来说，双模 IT 的两种模式主要有以下几点区别：

① 对用户需求的明确程度来看，传统 IT 对用户的需求理解非常明确，IT 部门能根据用户需求交付相关应用，主要集中于财务管理、固定资产管理等传统的 ERP 应用模块；而敏态 IT 主要涉及一些探索性的工作，在这些工作的开始阶段，对用户的需求是模糊的，比如用社交媒体进行市场营销，或者用大数据分析消费者行为，在这些项目中，企业将用户的需求与 IT 部门探索交流，才能满足用户需求，甚至会形成新的商业模式。

② 从研发角度看，传统 IT 以稳定的传统开发方式为主，按部就班地实现客户的具体需求；而敏态 IT 则更关注开发的

敏捷性和弹性定制，以适应不断变化的业务需求。

③ 从运维角度看，传统 IT 需要详细的计划驱动来完成，主要关注企业核心业务的安全可靠和稳定性；而敏态 IT 更注重敏捷性治理。

④ 从关注点角度来看，二者也有较大区别。传统 IT 模式下，由于用户需求明确，因此把如何降低成本作为企业关注的重点，即企业更加关注性价比，衡量的标准是可靠、可用和低成本；与此不同，在敏态 IT 模式下，企业更加关注增值业务，如提升用户满意度、助力销售创收、提升品牌知名度等。

5.1.2 双层 ERP

大型 ERP 系统的功能强大、成本昂贵、集成性强，能实现人、财、物的集约化管理，能够满足企业集团层面的管理要求。然而，对于企业的子公司，甚至生态伙伴等规模较小的企业来说，部署一套大型 ERP 系统，从经济和实用方面都是不现实的。大型企业集团与其子公司信息化系统需求不同，对数据的管控、业务的流转存在很大的差异，但又要深度地集成。为此，双层 ERP 战略解决了这一难题，集团层面实现集中管控和数据共享，产业层面针对子公司及其生态伙伴独特的业务提供个性化定制服务，在技术上通过标准服务接口的快速开发实现系统的集成，实现了管理上的灵活性，集团和产业单位不再沦为管理的孤岛。双层 ERP 示意图如图 5-2

所示。

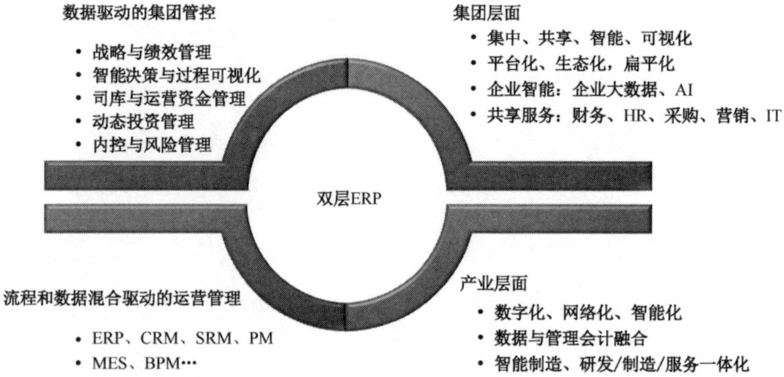

图 5-2　双层 ERP

双层 ERP 是大型集团企业采用的一种技术策略。上层 ERP 用于整个集团层面，统一管控企业级财务、资金和绩效管理等核心通用业务流程；对于子公司和生态伙伴，因公司规模不同和业务需求的多样性，故采用单独的下层 ERP 来实现其个性化业务流程。双层 ERP 具备以下优势：

1. 助力企业降本增效

随着环境的变化，客户需求不断增加，对于子公司和生态伙伴来说，如果使用传统的 ERP，不仅要考虑需求的多样性融合，而且要考虑系统的部署时间和实施成本。而双层 ERP 面对独特的本地需求，只针对个性化功能进行部署实施，这样在降低企业成本的同时，提高了生产效率。

2. 本地化控制更灵活

集团层面关注统一管控、企业大数据和服务共享，而产业层面关注个性化的运营管理。为避免这一矛盾，双层 ERP 提供了一体化平台、多元化发展的解决方案。这一方案的实施使得集团层面不会在业务发展方面过度管控，而产业层面可以更加完善个性化的运营管理，有自主权选择最佳的 ERP 供应商，具备更好的业务支持，以实现业务创新。

3. 降低产品复杂度

现阶段，一家供应商几乎不可能供应一个企业的所有产品，所以对于企业来讲，由于供应商繁多，并且业务复杂度不同，与企业的接口也多种多样，因此基于统一供应商建设一体化的系统复杂度很高，鲜有成功案例。而利用双层 ERP 的方法论指导，下层供应商只需针对自己的业务流程进行个性化实现，不必再与上层集团层面的核心流程进行复杂的集成，从而大大降低了产品的复杂度。

在双层 ERP 方法中，由于下层供应商众多，业务复杂度不同，与上层集团企业的接口更是多种多样，这就使得系统集成实现的复杂度和维护成本很高，所以在双层 ERP 建设过程中，要特别关注集成的标准，一方面是数据的标准，一方面是接口的标准，以保证数据的一致性和唯一性，这是需要企业特别注意的。

5.2 中台架构支撑企业持续创新

中台的思想最早来源于美军作战阵型的演变，用强大的中台炮火群支持前台极小化的作战单元。面对前端的灵活机动和后端的有序稳定，一些知名企业将中台思想引入到企业组织变革和技术变革中，通过构建更具创新灵活的中台组织机制和业务机制，支撑前台业务更敏捷、更快速的适应快速多变的商业环境，化解市场变化快、预测不准确、系统越来越复杂等带来的不确定性。

通常在企业信息化架构中，业务应用被划分为后台应用和前台应用两类。后台应用面向企业的核心部门业务，管理企业的基础流程、核心数据，例如财务会计、管理会计、供应链等。后台更多解决的是企业管理效率问题，要求稳定可靠，变化周期相对较慢；前台应用是企业最终用户直接使用或交互的系统，例如电商、电子采购、客户关系管理等。企业的前台是创新驱动的，要求快速变化，更好地响应用户需求。

前台应用需要后台应用作为业务支撑，面对前台与后台变化速率差异所导致的矛盾和问题需要一个中间层作为缓冲和转换适配，这时将中台思想导入到企业信息化建设中来，就形成了中台架构。在保障后台应用稳定的前提下，既能有效整合后台资源，快速适应市场及用户需求变化，又能沉淀前台应用中可复用的公共业务资源，用以提高效能、消除冗余和降低成本。中台的本质是将支撑前台多种业务形态的技术和业务能力沉淀出的综合服务中心。随着中台积累越来越厚，前台可以越来越薄，使企业可以精准、及时、低成本的应对用户及市场快速变化，使企业真正做到自身能力与用户需求的持续无缝对接。

中台思想是当前大型企业信息化建设当中，一系列建设方法的提炼、梳理、总结。中台的核心目标，就是以用户为中心来进行持续规模化创新，用更好的响应服务引领用户。按照赋能对象的不同，数字化中台可以划分为业务中台、数据中台、技术中台。（如图 5-3 所示）

图 5-3　中台架构

业务中台的作用是“沉淀、标准、共享”，沉淀基于最佳业务实践的业务模型、业务构件、RPA 组件等资源，封装为面向未来业务流程的、可复用的标准化微服务组件。以业务领域模型为核心，建立微服务化共享服务中心，支持前台应用快速构建。

数据中台的作用是“打通、整合、服务”，以关键业务要素为核心，打通多个系统的数据壁垒，整合建立业务关系的数据链集合，封装为可对外提供的数据服务。与大数据平台不同，数据中台引入业务洞见，统一了数据标准和业务模型规范。

技术中台的作用是“支撑、集成、使能”，作为整个中台的技术支撑，集成各种软硬件的能力接口，为业务中台和数据中台提供技术基础设施的使能工具。技术中台和业务中台一定意义上讲都可以称为 PaaS 平台，区别在是否“带业务属性”。

总体来说，企业前台应用的持续创新，迫切需要一个强大的中台来支撑。从零开始的创新是无法跟上时代步伐的，中台作为一个成熟的、连接前后台应用的桥梁，是企业未来信息化建设的重要组成部分。

5.3 五大技术特性进化企业数字化平台

我们认为新一代企业信息化架构应该具备云原生、开源开放、双引擎平台、智能物联、生态基础五大特性（如图 5-4 所示）。企业数字化平台应该以低代码+高控制双引擎平台支持企业应用的开发与演进，技术上遵循开源开放的理念，全部基于国际技术标准体系，融合最新的智能物联等前沿技术，搭建涵盖 IaaS、PaaS、SaaS 的云生态体系，并以开源、共享、协同、可持续发展的理念，建立共赢生态，加速科技成果的商业化运用，提升产业整体竞争力，帮助企业在数字化转型过程中逐步实现标准化、智能化、可持续发展的 ERP 系统。

> 随着数字化转型进入深水区，云原生、开源开放、双引擎平台、智能物联、生态基础等特征，开始成为企业转型的基本要求。

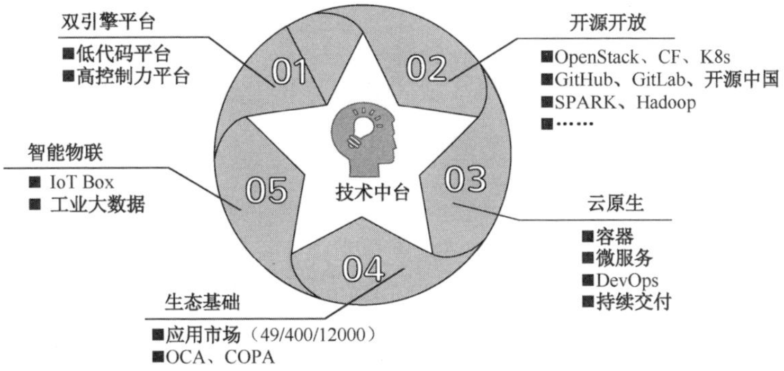

图 5-4　新一代企业信息化架构的五大特征

1．双引擎平台

根据 Gartner 层次模型，对于记录型系统和差异化系统，更多是模式化的，应用功能高度相似又有差异，这类系统的个性化开发可以采用低代码平台实现快速开发；而对于创新型系统，需要与新技术进行深度融合，很难有固定的模式可循，更适合基于新型分布式计算的高控制力平台进行开发（如图 5-5 所示）。

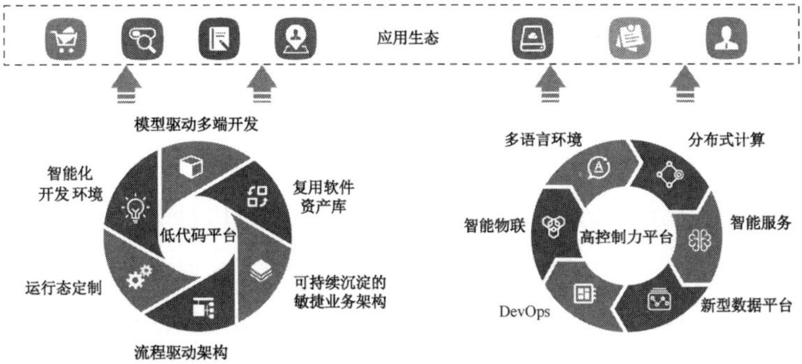

图 5-5　双引擎平台

低代码开发平台提供智能化开发环境，采用模型驱动开发模式替代传统硬编码开发，通过拖拽式可视化建模及平台化可复用沉淀，大幅缩减硬编码的程式化重复劳动，既能够提高开发的效率、规范性及灵活性，也支持无编程基础的人员进行无代码开发定制，使应用交付更加敏捷。

模型驱动架构是低代码开发平台的核心设计理念，通过将应用开发中的有规律性的、可复用的部分提炼出来，采用模型驱动架构设计思想进行模型化定义，为模型开发提供图形化的建模工具，并在运行时基于解析或生成模式提供模型到实现的自动转换。平台采用组件化、服务化方法设计，遵循高内聚、低耦合的设计标准对服务进行封装，可实现敏捷业务的持续沉淀，其中常用的开发组件系统内置提供，支持按技术、产品和领域进行组件库的沉淀和复用，最终沉淀出企业特有的可复用的软件资产库。低代码平台支持审批流、工作流、业务流三大流程模式，可实现业务的智能推送和自动流转，帮助用户降低成本、提升体验的同时打通企业 IT 流程。针对客户及实施顾问对业务单据流程等业务资源灵活定制的需求，低代码平台提供以业务对象为中心的多维度的业务定制和扩展调整功能，包括业务表单、业务实体、工作流程、打印格式、编号规则、组件事件、事件订阅等方面的定制和扩展。

高控制力平台提供多语言运行环境、分布式计算框架、新型数据平台、智能物联平台、微服务治理框架，并支持 DevOps 开发运营一体化流程和态势监控，支持企业创新型应用的快速开发和快速试错。多语言运行环境提供基于多语言的轻应用开发所需的基础框架和组件库，支持多种主流开发语言，以适应业务系统开发场景。新型数据平台提供新型数据平台框架，能够支持多种主流数据库，以应对不同业务的数据存储和分析场景，支持创新型应用的海量数据和实时数据管理，满足企业数字化转型需要。分布式计算平台涵盖实时计算、内存计算、流式计算服务，可应对大数据计算的分布式处理场景，能够帮助开发者只专注于数据分析、数据挖掘、商业智能等应用场景，而无须关注大数据分布式计算的技术门槛和烦琐工作，提升创新应用的开发效率，降低技术门槛和复杂性。

2．开源开放

传统的企业信息化构架非常简单，从底层的操作系统到数据库、到中间件再到应用，都是由比较大的软件供应商如微软、Oracle、IBM 等提供的标准化产品，但随着 AI、大数据、DevOps、容器等技术的兴起，信息化建设发生了翻天覆地的变化。首先，新兴技术本身是从开源项目发起的，在这些技术基础上开发的应用，也应是开源的。另一方面，云服务商单单提供 IaaS 层已无法满足需求，需要同时提供云数据库、云中间件、大数据等各种各样的 PaaS 层服务，因此，云服务商也在加速进行垂直整合，但没有一家供应商可以提供完整的 PaaS 平台，开源已成为一种途径。云服务厂商将开源的数据库、开源的中间件变成云数据库、云中间件提供给开发者和企业使用。根据 Black Duck 软件公司的统计，78%的企业在运行开源软件，随着这种趋势的不断发展，开源环境将成为信息化建设的主流环境，开源已经成为国内软件产业乃至 ICT 产业发展和创新的重要驱动力之一，因此数字经济时代，开源项目必将成为企业信息化架构中重要的组成部分。

2018 年 6 月 28 日，在第十三届中国开源世界高峰论坛上，由浪潮发起的中国开源工业 PaaS 协会正式成立（如图 5-6 所示）。该协会将以工业 PaaS 技术创新和产业发展为导向，打通工业 PaaS 价值链，运用市场机制聚集创新资源，实现企业、院校和科研机构等战略层面的有效结合，形成产业核心竞争力，支持工业互联网的发展与建设，推动制造企业数字化转型。

图 5-6　中国开源工业 PaaS 协会正式成立

弹性运行环境是基于开源的、标准化的“Kubernetes + Docker”等云原生计算技术搭建的（如图 5-7 所示），它帮助企业建立适应变化的应用系统，加快从需求到软件变更、落地的速度；协助企业建立不用停机即可完成升级的业务系统，有利于企业 IT 的持续发展；提供服务目录管理，消除新建云原生应用与传统软件服务间的访问障碍，支持企业 IT 的平滑升级。

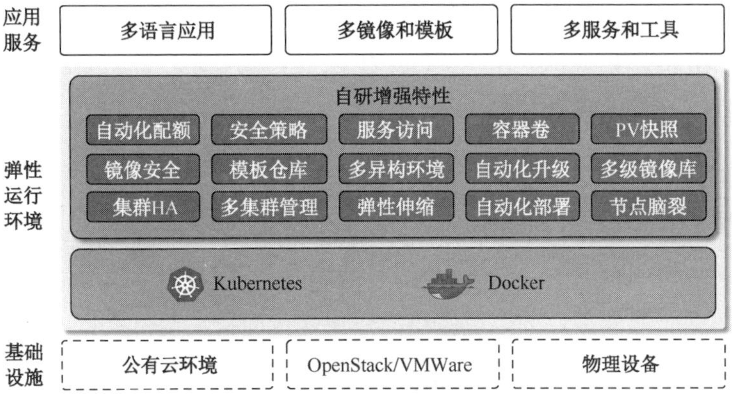

图 5-7　弹性运行环境

弹性运行环境提供弹性的硬件资源管理、自动化的运维监控支持、智能化的应用自动扩容、全面的应用类型支持和良好的外部连通性。弹性的硬件资源管理支持精细化的 CPU、内存、网络资源分配，可在不停机的前提下平滑地进行硬件资源更替、扩容、收缩操作。自动化的运维监控支持对硬件资源以及运行的各类应用提供自动化的运行状况监控，所有监控信息统一采集，进行集中化、可视化展示。智能化的应用自动扩容可依据自动监控信息中对硬件资源占用情况设立阈值，也可根据具体业务的活跃情况设置针对业务的指标阈值。在应用类型方面，弹性运行环境支持单体应用、无状态分布式应用或有状态分布式应用、云原生应用等进行弹性化托管；同时，提供服务目录管理功能，保障内外应用互通，消除架构造成的信息资源整合障碍，具备良好的外部连通性。

3．云原生

随着云计算、微服务、容器等技术的逐步落地，新一代企业信息化架构应该基于云原生架构（如图 5-8 所示）进行设计，在技术层面上融合微服务、容器化、云计算、大数据、移动、智能化、物联网等业界先进技术和理念，支持企业应用的独立演进与弹性运维。开发运维层面需基于完备的 DevOps 自动化工具链打造出自动化的开发运维一体化流程，帮助企业实现业务系统应用的快速迭代与持续交付。

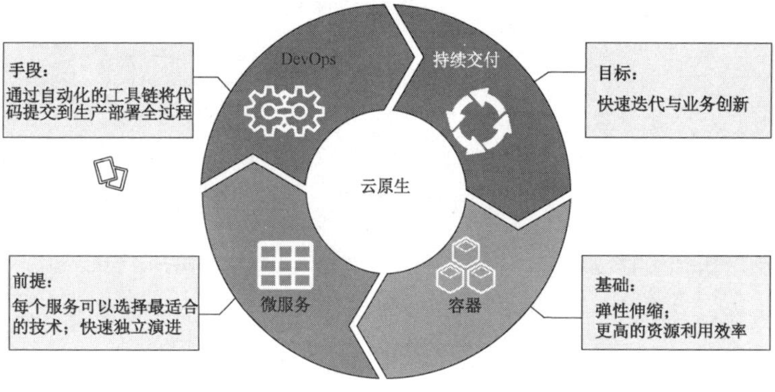

图 5-8　云原生架构

微服务采用松耦合设计，每个微服务只专注于单一功能，并通过统一标准体系的服务接口对外发布服务，服务之间互相协调、互相配合，实现了去中心化的应用开发与部署模式。在微服务架构中，每个微服务都是相互独立的，都可以根据业务需求和技术趋势选择最合适的技术栈，比如选择不同的开发语言、开发框架、后端数据库等。

基于容器化技术，每个微服务都可以根据各自的负载情况单独进行弹性伸缩，在业务高峰期进行自动扩容，在业务低峰期进行自动缩容，实现高效运维与资源节约的最大化。

基于 DevOps 的自动化流水线，能够实现从软件开发、自动构建、自动测试、自动部署、灰度升级等的全自动化软件生命周期管理，实现更快、更可靠地发布更高质量的企业业务应用，支持企业业务系统的快速迭代与业务创新。

4. 智能物联

企业信息化系统为企业构筑了完整的企业管理信息化平台，关注的是企业的资金流、信息流、物流等各种信息的集中管理。物联网可以为广泛的业务活动提供基础数据支持，利用物联网技术加速企业数字化转型，为企业提供大量实时的基础数据，从而推动企业信息化水平的提升。

新一代企业信息化架构应该有效集成物联网技术，为企业提供一站式的智能物联支撑，在感知层、传输层、物联平台层、物联应用层都提供了完备的技术支撑与方便的应用开发接口，打通多协议设备接入、设备管理、数据采集、数据解析、数据计算、数据存储等关键环节。集成基于机器学习技术的 AI 智能服务，实现物联设备的智能控制、物联数据的智能分析与辅助决策，为企业数字化转型提供物联数据基础，帮助企业打造自动化、智能化的物联平台与企业管理系统（如

图 5-9 所示）。

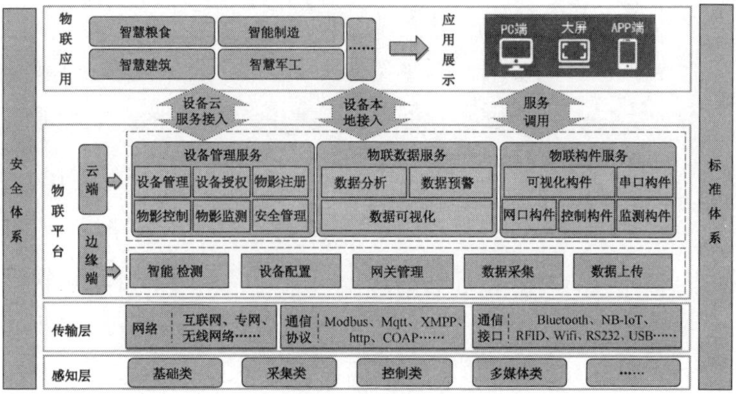

图 5-9 智能物联

5. 生态基础

随着企业信息化系统越来越复杂、社会分工越来越精细化，企业信息化系统必须依赖于完整的生态圈才能更好地发展。所以，新一代企业信息化架构应该有良好的生态基础，能够支持企业信息系统的可持续发展。

首先，企业数字化平台需要提供生态建设的底层技术支持，包括支持分层扩展的基础软件架构，用于生态伙伴进行动态的业务逻辑扩展，支撑 API 经济的 API 市场、调用统计与计费等。

其次，企业数字化平台需要有完备的云 ERP 应用市场（如图 5-10 所示），用以打造企业应用的生态基础，通过云应用市场，可以聚合生态伙伴的力量，不断丰富企业信息化系统所需的各种应用与组件，满足企业信息化系统多样性的需求。

图 5-10 云 ERP 应用市场

5.4 不同类型的企业信息化架构不同

浪潮基于五大技术特性，以双模 IT 与双层 ERP 的方法论为指导，依托强大的自主创新能力，提供了面向大、中、小、微型企业的企业管理软件产品来帮助企业进行数字化转型，分别为面向大型企业的 GS Cloud、面向中小企业的 PS Cloud、面向小微企业的云会计与云进销存等系列云 ERP 产品，满足“大中小微”企业上云需求，通过涵盖私有云、公有云、混合云的一体化解决方案和服务推动中国企业数字化转型，打造经济发展新动能（如图 5-11 所示）。

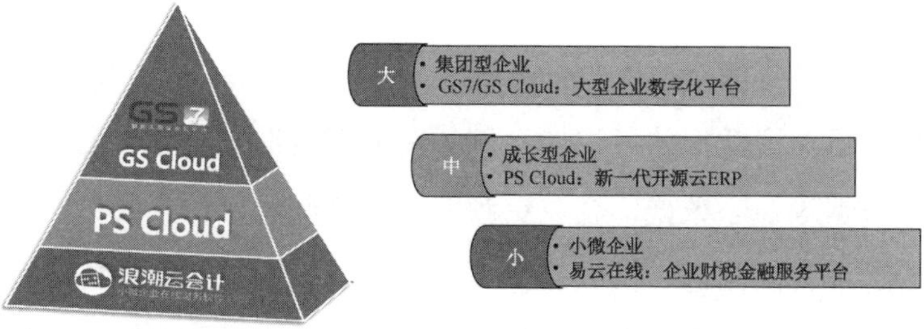

图 5-11 浪潮云 ERP 为“大中小微”企业提供的全面云服务

当然，“大中小微”企业并非孤立的个体，而是形成了一个相互连接的生态圈，大型集团企业往往是行业龙头，是平台型企业，而中小企业一般是大型企业的供应商、分销商等生态伙伴，大型平台企业与中小生态企业之间所需的信息化系统需求不同，但又要进行深度集成，按照双层 ERP 的结构，浪潮的 GS Cloud 面向平台型企业，而其下属单位、生态伙伴则可以根据自身需求，选择面向中小企业的产品与方案，浪潮自有的全线产品又提供了内在的集成，可以更方便地实现平台企业与生态伙伴的便捷集成（如图 5-12 所示）。

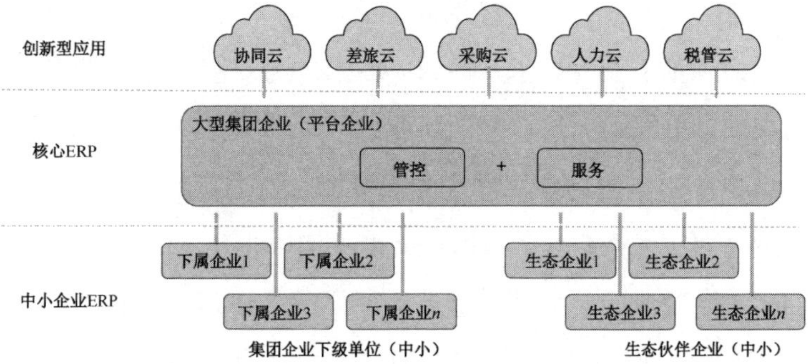

图 5-12　浪潮集团双层 ERP

1．大型集团企业多采用混合云模式

大型集团企业在上云方式上与中小企业有较大的差异，他们更关注数据的可控性，例如对人事数据、财务数据、客户数据等核心数据，企业更倾向于将其部署在私有云；同时为适应智能制造、供应链等实时性要求以及与本地设备连接的需求，企业也倾向于将其部署在私有云；面向连接与全员的创新型应用，例如协同、差旅、人力招聘与自助服务等，企业更倾向于采用公有云模式，这就需要采用混合云的模式，这也是大型企业在未来较长时间内的典型架构。浪潮面向大型企业的 GS Cloud 就采用了这种结构（如图 5-13 所示）。

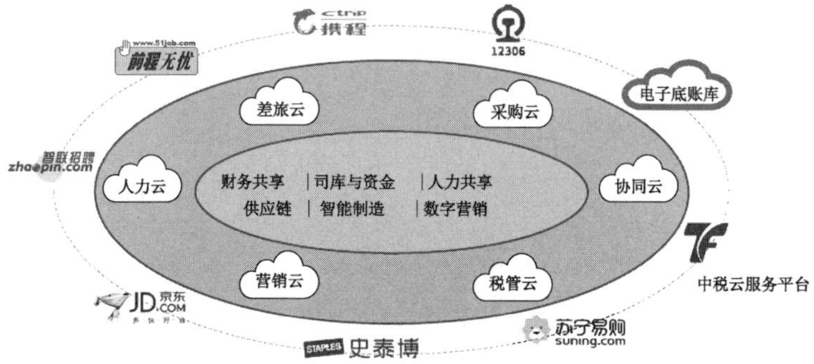

图 5-13　大型企业数字化平台 GS Cloud

2．中小微企业多采用公有云模式

中小微企业是数量最大、最具活力的企业群体，是社会主义市场经济的重要组成部分，是我国实体经济的重要基础。随着改革的深化，新型工业化、城镇化、信息化、农业现代化的推进，以及“大众创业、万众创新”“互联网+”“一带一路”等重大举措的加速实施，中小微企业发展基本面向好的势头更加巩固。但是，中国中小微企业信息化能力薄弱、IT 投入有限、运维能力较低，当前仍旧面临着创新难、融资难、管理难三大主要问题。数字化转型在颠覆传统企业的同时，也正推动着中小微企业的创新发展，中小微企业需要更加简单、实用、灵活并能为员工带来直接价值的新型软件服务，

SaaS 恰好可以满足中小微企业的创新需求。IDC 数据显示，中小企业被认为是最适宜采纳云计算产品的主体之一，70%以上部署了云服务的中小型企业表示，云服务达到或超出了他们对主要业务收益的期待。

SaaS 应用能够大幅度降低中小微企业信息化的门槛与风险，具有节省成本、简单易用、免安装、免维护、免升级等特点，克服了中小微企业信息化应用水平较低和专业人才匮乏的缺陷，帮助企业建立一个连接、分享、协作的平台，通过流通数据将外部的产业链上下游打通，内部的价值链融合，实现企业资源的最优化配置，为创新创业提供保障。在 SaaS 模式下，中小微企业享受到以往只有大型企业才能享受到的信息化水平，SaaS 模式是中小微企业的主要业务模式，开源+SaaS 的方式将会成为推动中小企业数字化转型的首选模式。

企业数字化转型是大势所趋，IT 成为企业创新的重要驱动，而开源可打破技术壁垒，重构产业格局，能够适配产品个性化、需求多样性等企业信息化建设的新特点，支撑企业创新和新业态新模式，成为企业未来和创新的基石。IBM 以 340 亿美元收购红帽，微软以 75 亿美元收购面向开源软件的代码托管平台 GitHub，便是例证。未来，开源将成为传统 IT 服务商转型升级的最佳选项，IT 厂商要抓住机遇，拥抱开源，共享生态，共同拓展中小企业市场。

为加速推动成长型企业上云、上平台，2018 年浪潮与国际知名开源 ERP 厂商 Odoo 签署战略合作协议，双方在中国成立合资公司，重点发展中小企业 SaaS 服务业务，并期望实现国内中小企业 SaaS 市场第一的目标。浪潮集团董事长孙丕恕出席合作签约仪式，浪潮集团执行总裁王兴山与 Odoo CEO Fabien Pinckaers 代表双方在协议上签字（如图 5-14 所示）。

图 5-14 浪潮与 Odoo 签署战略合作协议

双方合作后，推出了第一款开源云 ERP 产品，该产品包括标准云 SaaS 应用、开源 PaaS 开发平台和行业云解决方案，拥有 50+标准业务应用、800+业务模块、12 000+业务插件，支持多终端、多组织、多币种、多语言、多时区和快速交付，为成长型企业提供涵盖协同研发、产业链协同、智能制造、财务共享、人力资源管理、数字营销等多种应用场景的一站式解决方案。同时，浪潮 PS Cloud 秉承开源、共享、协同、可持续发展的理念，构建“平台+生态”的共赢生态体系，与生态伙伴一起为成长型企业提供更丰富的 SaaS 服务（如

图 5-15 所示）。

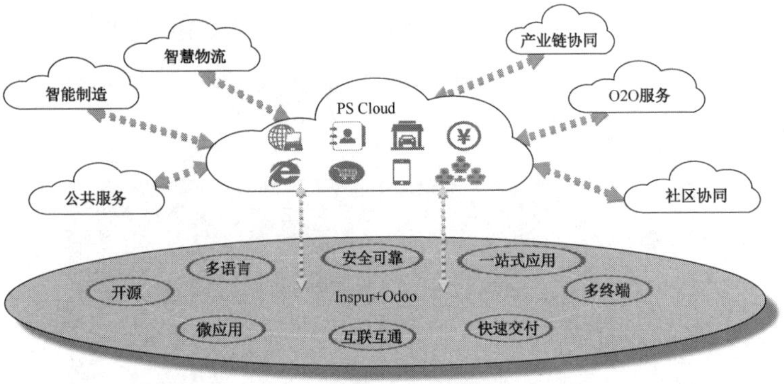

图 5-15　新一代开源云 ERP PS Cloud

➢ 产品层面：聚焦 SaaS 的标准化应用，结合浪潮 30 多年的企业信息化经验和高端优势，在继承 Odoo 灵活性的基础上，通过快速的迭代开发，进一步覆盖中国用户的业务场景，形成了财务、供应链、生产等强应用，符合国内会计与国际会计双准则，同时还开发了电子发票、中国财务报表、云端打印的易用性控件，更加适用云 ERP 产品的本地化应用场景，为成长型企业提供更加智能的信息化服务。

➢ 平台层面：推出开源 PaaS 一体化开发平台，这是目前为止国内一流的开源 PaaS 平台，可实现企业云端个性化开发并能快速迁移，保证企业软件系统的安全自主可控。作为支撑敏捷开发和个性化定制的基础平台，开源 Pass 平台面向有自主研发及个性化需求的客户、合作伙伴、应用开发者，提供开发、测试、发布等一系列流程和服务。该平台采用 Odoo 主流开源技术，具有敏捷架构、随需应变、持续升级、部署方式灵活等特点，能够满足客户个性化业务需求。未来，浪潮将进一步探索通过平台提供众包服务，连接开发者、ISV、生态伙伴和客户，共建新生态。

- 技术层面：一是 PS Cloud 继承了 Odoo 开源、SaaS、云原生等特性和优势，并与 Odoo 保持同步更新，如基于 Odoo V12.0 推出了 IoT-Box，新增工业互联网 IoT 设备矩阵管控功能、互联网级的知识库网盘功能、全新的 Python Sass 前端引擎框架技术等，支持打印机、扫描枪、钱箱、摄像头等硬件，具有全网互联级应用的划时代意义，2018 年将利用 IoT-Box 的开源特性，和工业 MES 深度结合，加强对智能制造的支持。二是结合中国企业的平台化需求和业务场景，PS Cloud 改良了平台底层架构以提高扩展性，丰富业务组件并抽象化处理，以更好地支持容器化技术、分布式部署、大数据开发和微服务应用等需求，提高开发效率。
- 行业层面：浪潮聚焦标准产品的研发，将行业化的产品开放给合作伙伴，充分发挥伙伴在细分行业的资源优势，沉淀行业成果，与浪潮的标准产品一起形成行业解决方案，构建共赢生态。目前，浪潮已陆续推出汽车后市场、餐饮、门窗、零售、印刷等行业云解决方案。

为加速推动小微企业上云，浪潮推出小微企业财税金融服务平台——易云在线（如图 5-16 所示）。该产品包括云会计、云进销存、云代账、云订货等核心 SaaS 订阅服务，数据金融服务，以及财务专家咨询等增值服务。易云在线具有以下特点。

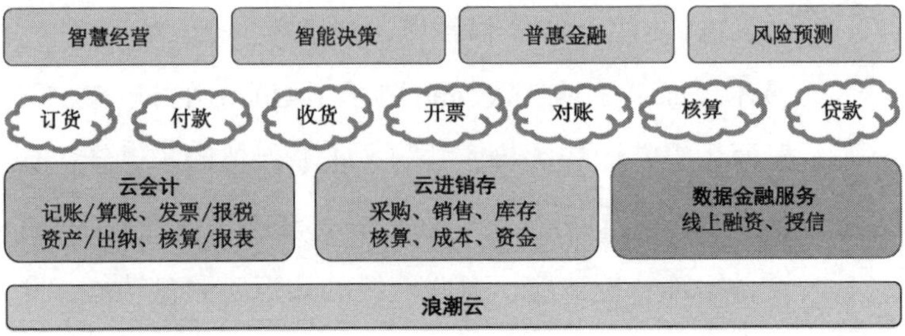

图 5-16　小微企业财税金融服务平台——易云在线

- 安全：浪潮首批通过可信云认证，是同时通过可信云安全及金牌运维认证的唯一企业；浪潮通过国家三级等保，拥有 IDC/ISP 跨区域牌照，首批并两次通过可信云服务认证，成功加入 CSA 云安全联盟；浪潮是中央网信办首批认证的政务云服务提供商、权威第三方电子认证服务提供商。
- 连接：易云在线是企业与社会资源的连接器，为小微企业提供业财票税银一体化解决方案。它打通报税系统，实现全国 34 个省一键报税；对接电子发票系统，全国发票可查验；连接航信税控盘销项发票；连接浪潮快开票系统；连接财税服务机构；连接多家银行金融机构，提供在线金融服务。
- 移动：免安装、免维护、免升级，无须绑定电脑，有网即能用。PC 端、微信端数据实时共享，可随时随地查账、记账。

- 智能：互联网思维产品设计理念，操作简单易上手，极致体验无须培训。一键报税、发票扫描自动生成凭证等财务黑科技，帮助会计抛弃重复、烦琐、耗时的工作，记账效率大幅提升。

第6章

数字化转型成就智慧企业

6.1 智慧企业框架

企业数字化转型的目标是打造智慧企业。近几年来，全球经济的增长主要由技术驱动，云、人工智能、区块链、增强现实和虚拟现实、物联网、机器人、量子计算等一系列技术的发展突飞猛进，无论是单项技术还是融合应用，都为企业发展提供了无限的可能。

随着数字化转型在企业中的逐步深入，领先的企业正在积极应用数字技术，使运营更加智能化。这些企业不再只是提供传统的产品和服务，它们运用技术形成新的价值生态，共同创建出符合客户和员工期望的新产品与服务，进而实现业务增长和新的差异化优势，同时探索新的商业模式，为企业的发展和进步创造条件，使之逐步向智慧企业迈进。

> 数字化转型的目标是打造智慧企业。智能化运营、数字化创新是智慧企业的两大核心能力。

智慧企业是企业信息化高度发展到一定阶段的产物，是企业在数字化的基础上，充分利用大数据挖掘、人工智能等技术，实现信息、技术、管理三者的融合，深化企业创新能力，帮助企业进行科学决策、风险预判等。智慧企业不仅实现企业内部生产关系的转型升级，完成与“互联网+”社会生产力的和谐对接，同时进一步释放企业员工的创新创效活力，为企业提供可持续发展的原动力（如图 6-1 所示）。

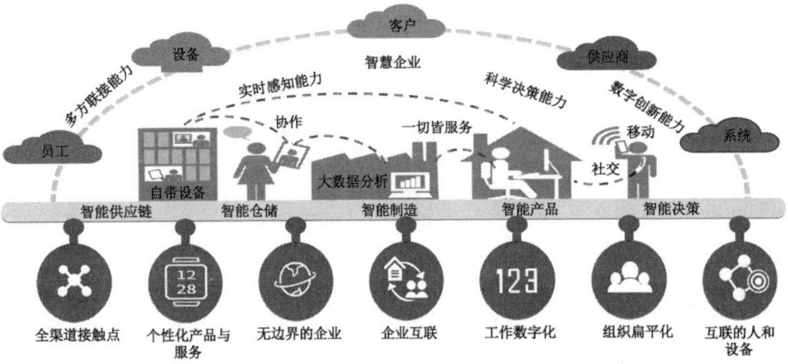

图 6-1　智慧企业画像

智慧企业均将数据和智慧洞察视为未来发展的核心，在此基础上重点发展以下几项业务能力。

1. 多方连接能力

通过重构端到端的流程，从员工到客户、供应商、消费者，再到各项设备、系统，智慧企业实现了与各项内容和对象之间的互联互通，从企业参与者到产业链上下游的多方连接是发挥数据能力的基础。例如，企业与供应商的连接可以通过基于互联网的电子采购平台实现，电子采购能够帮助需求方和供应方实现快速连接，节省了交易成本，缩短了采购周期，同时还有助于解决阳光采购、可视化监管的问题；数字经济时代员工的来源、工作方式、工作地点将更加灵活，有效的连接就显得非常重要，通过与员工的连接可以实现高效精准的人才招聘，帮助员工实现快速入职、工作协同等。

2. 实时感知能力

智慧企业通过人工智能、物联网、大数据等新技术实时感知企业的发展与变化，而且数字化平台让企业更加敏锐地捕捉到客户或平台伙伴的变化，更快做出反应。同时，对平台上聚集的大量平台伙伴与客户进行实时洞察，使企业更及时地发现颠覆性创新。例如，通过数字化营销平台实现全渠道、多触点的客户体验，为提高客户满意度，甚至让客户参与设计并及时地了解生产进程，实现差异化竞争。同时可以通过智能供应链的全面可视性，实时了解供应链中的每个角色，了解所有事物，从生产或运输过程中货物的移动情况，到销售点系统的需求情况，实时获取各种信息及相关数据，及时应对市场变化，快速做出决策反应。

3. 科学决策能力

智慧企业通过多方联接和实时感知，可以全面整合人才、数据和信息技术，时刻关注业务的发展与变化信息，获取海量相关数据，推动流程转型并快速进行科学决策，使企业运营的各个环节变得科学化、智能化。根据埃森哲《智能运营：决胜未来》中的调研表明，近 90%的企业认为，自动化（RPA）、数据分析（Analytics）和人工智能（Artificial Intelligence）这三要素将全面推动智慧企业实现业务运营优化、革新和转型。例如，通过构建投资风险预测模型，结合 AI 的机器学习、决策树等技术，推测某产品的投产可行性，企业通常需要采用自然语言（NLP）技术从一些摘要信息描述中提取相应的实体和关系，通过把大数据和人工智能等新技术结合起来，为企业决策、流程优化等提供智能化服务，帮助企业实现管理变革、业务创新，辅助企业管理决策。

4. 数字创新能力

智慧企业在配备有敏锐业务视角的工具及人才后，在数字化技术平台上，可以深入挖掘数据价值，实现产品与服务的创新，甚至商业模式的颠覆性创新。例如，通过与产业链上下游的互联，打造全新的客户体验，借助 AR/VR 等技术，实现产品和服务个性化与定制，加强与客户、平台伙伴的互动，从而显著提升客户体验和忠诚度，并且提升创新效率、分担创新风险。此外，通过平台引入外部资源与能力，提供更丰富的产品和服务组合，改变传统的业务模式，避开竞争红海，进而吸引新的客户，获得新的收入来源。

作为国内领先的云计算、大数据服务商，以及领先的企业管理软件与云服务领导厂商，浪潮基于 30 余年服务企业信息化的实践经验，给出了智慧企业框架（如图 6-2 所示）。这其中，数据治理是智慧企业的关键，浪潮云 ERP 可让企业外部数据和企业内部数据结合起来，为企业提供智慧的决策。“企业大脑”是智慧企业的核心，是基于人工智能、大数据等新 IT 技术的融合而构建的企业智能化开放创新平台，辅助企业智能决策和业务自动化，驱动业务系统的智能化升级，实现企业的个性化、定制化、精细化的生产和服务。

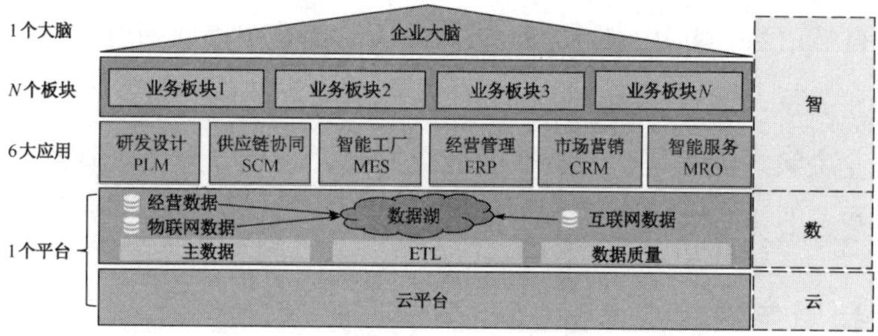

图 6-2　浪潮智慧企业框架：1+6+N+1

6.2　智慧企业的特征

有人也许会问，智慧企业会颠覆传统企业吗？恰恰相反，传统企业拥有着大量的资产积累，如企业的品牌效应、客户、供应商等，尤其是企业在发展过程产生的大量数据，这正是企业数字化转型的基础和动力。不管是传统企业还是新型企业，其信息化高度发展到一定阶段，即有可能成为智慧企业。智慧企业就是传统企业拥抱互联网，融入国家“互联网+”战略、落实创新发展理念和双创要求的最佳实践。

智慧企业的四大特征：企业平台化、服务共享化、业务数字化、管理智能化。

机器人、沉浸式现实、人工智能及互联设备，这些技术高度发展到一定程度，智慧企业也将会层出不穷，这些企业涉及的业务领域虽然有所不同，但在管理形态、企业模式上却会呈现出一定的共性特征（如图 6-3 所示）。

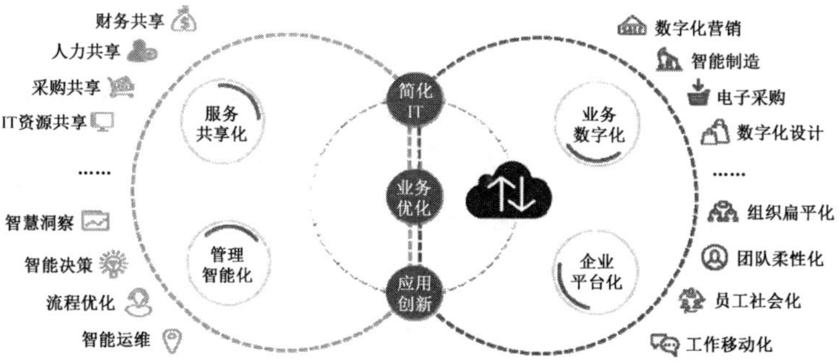

图 6-3 智慧企业四大特征

第一个是企业平台化。在数字化时代，扁平化会成为企业发展的主流，企业组织越来越扁平化，管理越来越人性化，员工越来越社会化、移动化。第二个是服务共享化，包括财务管理、法务管理等在内，以共享的方式为集团主体或者业务主体进行服务。第三个是业务数字化，围绕产业层面，无论是供应链环节、制造环节、销售环节或消费环节，都要进行数字化管理。第四个是管理智能化，包括企业的智能决策、流程优化、智能运维等。

6.2.1 企业平台化

互联网赋予了企业迅速进行低成本扩张的能力，企业数字化转型要利用互联网突破企业资源的制约。企业平台化就是企业数字化转型过程中不可忽视的一种运营模式，也将成为智慧企业的主流组织模式。企业平台化和组织扁平化驱动组织变革与集团管控模式转变，平台化机制的企业结构强调扁平、共享和协同，简单来讲，平台是效率集约的全新生态系统。

而企业组织扁平化带来了两个问题，一是集团管控面临着挑战，二是资源的重新配置。阿米巴组织增多，如果每个小组配备财务专员、人事专员、法律专员的话，企业肯定是无法承受的，所以企业进行平台化管理，运营是平台化的。企业平台化的手段就是建立共享服务中心，把财务问题、人事问题、法务问题集中、共享，统一管理。在此平台化共享基础上，将企业划分成一个个可以独立核算的利润中心，建立独立经营核算体系，进行内部交易，进而将企业外部的市场压力传递到企业内部各阿米巴。员工通过阿米巴模式实现个人价值，主动参与经营，企业也能实现组织变革与重组，提高业绩。

而平台化企业必定会提高组织的敏捷性，并且会与大量生态伙伴与客户进行更为紧密的联系，使企业能及时应对变化、科学决策，同时随着企业组织机构的扁平化及精简，更聚焦核心竞争力，同样降低了投资风险，加快了转型及发展。

6.2.2 服务共享化

共享是数字经济时代重要的特征，也是企业发展的重要手段。企业要创新，共享服务是非常重要的平台。对大型企业而言，企业管理必须要有大共享思维，能集中的资源都可以共享，同时建立以共享理念为统领的思维。时代的发展要求社会具有大数据思维，所以智慧企业的发展也要有大数据思维，建设共享服务的目的就是要建立企业的大数据中心。智慧企业未来财务、行政、业务等都将作为企业的大数据，而建设共享中心就是建设大数据的一个重要手段。

从目前来看，财务共享是走在最前列的，企业进行数字化转型的第一步即财务共享。企业经营追求的目标除了风险管控就是利润，企业的收入、成本关系着企业的存亡，因此通过财务数据进行决策的分析和判断是最基本的。通过财务共享，企业实现了财务管理的四个不同。第一个是财务不再仅是财务部门的职责和任务，公司所有员工都要参与到财务工作中；第二个是财务人员职责分工的不同，按照财务共享的模式，财务人员的岗位设置、人员数量及职责分工与过去大不相同；第三个是财务部门通过财务数字化平台与外部的税务实现了连接；第四个是端到端的财务，从员工出差申请直到报销完成，资金的拨款及收款是一个完整的流程。通过财务共享，不仅为企业管理提供了便利，也使企业决策更加智能化。

其次，人力资源管理（HR）的共享。过去，人力资源部是管理部门，如今看来，人力资源部不仅是管理部门，还是服务部门。从人力资源部的角度看，中层干部不仅仅是部门经理，也是人力资源经验，但不同层级的领导挑战不同。对于部门经理来说相对容易，因为一个部门是一个小组织，架构相对简单，而且作为部门经理，首先要对部门的职责、组织架构、人员情况非常熟悉，才能更好地开展工作。然而这一点对于企业高管来说非常困难，了解企业的组织架构简单，但是要详细了解并管理好人员具体情况，相对来说是很困难的。所以人力资源部要为领导做好人力资源服务，包括企业的组织状况，员工的结构布局、考勤状况、配比等。其次，人力资源部要为员工服务，员工通过共享服务中心即可详细了解自己的考勤状态、绩效评价、年终考核、岗位等级设置、薪酬情况等。最后还是为人力资源本身服务，员工均通过人力资源共享服务平台办理日常人力资源工作，不仅为人员统一管理提供了便利，还为人员的招聘、岗位设置、职责分工等提供了数据依据。所以人力资源与财务一样，同样应建立人力资源共享服务中心。

除此之外还有采购共享、IT 资源共享、制造共享等。共享服务中心就是企业运营过程的数字化、制度化。通过共享服务中心的专业分工、统一管理产生大量数据，再利用数据产生价值，数字化的基础就有了，而这一切都会为智慧企业聚焦数据和智慧洞察奠定基础。

6.2.3 业务数字化

数字化是利用云计算、大数据、人工智能等技术把现实世界在计算机世界中全部重建，使我们把现实世界全部存储在计算机世界里。而基于 IT 技术提供的支持，让业务和技术真正产生交互，由此诞生“业务数字化”。按照 Gartner IT Glossary 释义，业务数字化是指利用数字技术改变商业模式，并提供创造收入和价值的新机会，它是转向数字业务的过程。

而数字业务则模糊数字世界和物理世界，以此创建新的业务设计。

强调业务数字化，智能制造是非常关键的。之前企业对智能制造的理解是要把 ERP 及设备打通，但从目前来看，智慧企业远不仅限于此，智能制造还有三个方面非常重要。第一个方面是数字营销。所谓数字营销，就是指借助于互联网、电脑通信技术和数字交互式媒体来实现营销目标的一种营销方式。数字营销会尽可能地利用先进的 IT 技术，以最有效的方式谋求新的市场和新的消费群体。因为伴随着智能制造的是个性化定制，个性化定制要求企业和客户、经销商以及消费者互动起来，企业需要准确地瞄准需求对象及决策对象，而数字营销则会基于明确的数据库对象，通过多媒体渠道，实现营销精准化，营销效果可量化。它是数据化的高层次营销。

第二个方面是供应链平台。作为智能制造的支撑，企业需要一个供应链平台，而供应商也需要一个供应链平台，使企业和供应商可以相互连通起来，在企业的采购等环节就让供应商加入进来，加入企业大的产业链条当中。通过连通的平台整合企业与供应商的资源及优势，从而实现供应链链条上的合理化管理，降低采购成本。随着用户个性化需求和经济不确定性等因素的日益增加，企业只有从根本上打通上下游，建立有效的供应链平台，才有可能取得市场的主动权。

第三个方面是智能制造的数据应用。通过各个企业之间设备相互连接产生的大量数据可以作为下一步工作的参考。

企业可以通过大量的数据去监控、分析整个企业的生产状况及产业状态。

6.2.4 管理智能化

互联网模式下推动数字化转型的原动力，来自两个相互依存、相互促进的技术趋势：云计算，能够颠覆传统 IT 模式，为企业带来更经济、更灵活并可无限扩展的数字化平台；人工智能，借机器学习、高级分析、神经网络来发掘业务，实现人机交互、智能决策和智慧运营。

智慧企业中的“智慧”二字即强调企业的管理智能化。企业智能管理通过综合运用现代化信息技术与人工智能技术，以现有管理模块为基础，以智能计划、智能执行、智能控制为手段，以智能决策为依据，智能化地配置企业资源，建立并维持企业运营秩序，实现企业管理中各要素之间的高效整合。

人工智能技术使企业变得更加智能。首先是在企业感知方面的应用。人工智能让企业改变了 ERP 模式，过去是通过手工进行操作，如今则可以通过语音、手势来进行改变。其次是在智能认知方面的应用，如对矿山设备自动的预测性维护，预测性诊断的应用。最后是关于规则化的应用，企业中有很多重复性的业务、流程等工作内容，都可以通过机器人来实现。

智慧企业通过把大数据运用和人工智能结合起来，为企业决策、流程优化以及设备的全生命周期管理提供智能化服务，帮助企业实现流程优化、管理变革、业务创新，让智能化辅助企业管理决策。如在财务管理方面，实现智能报账、智能稽核、智能信用、智能派单、智能制证、智能税控、智能报告等；在采购管理方面，实现智能监控和智能预测未来价格趋势、整个采购的交易趋势，实现采购智能化等；在办公协同方面，实现自动回复员工问题，改善员工体验，降低人力成本；提前通知、提醒活动事件等；在企业管理方面，实现企业多维度分析、可视化运营等。

从信息化发展角度看，以物联网、大数据和人工智能为代表的信息技术的快速发展，已使智慧企业的建设具备信息基础和产业基础；同时，不断提升的工业设备智能化水平，也为智慧企业创造了良好的技术支撑。

随着 RPA、智能分析及 AI 技术的深入应用，智慧企业将逐步建立企业大脑，形成企业的核心数据资源及决策指挥中心，真正发挥智慧企业在市场竞争中的强大生存能力。

第 7 章

展望

数字化的浪潮席卷各行各业，未来只有两种企业：数字化原生企业和数字化转型企业。对于身处这个时代的企业及其管理经营者而言，已经无须为是否进行数字化转型而烦恼，而是要找到快速实现数字化转型的路径，这已经成为 CEO 的首要职责。因为是否能够成功且快速地实现数字化转型已经成为企业生死攸关的头等大事。企业数字化转型之路如图 7-1 所示。

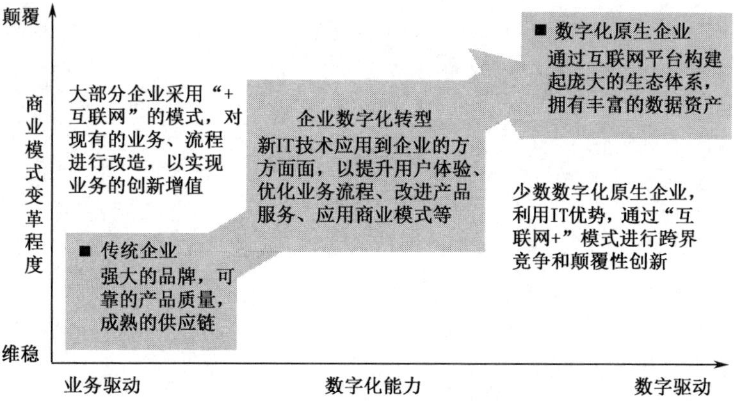

图 7-1 企业数字化转型之路

在过去的 20 年里，IT 技术改变了企业日常运营的方方面面，在销售端，数字化营销帮助企业进行产品定义、消费者画像和竞争营销；在采购端，电子采购提升了企业采购的效率，为零库存生产、确保物流追溯方面提供了保障；在企业内部，先进的 ERP 系统与企业上云叠加，实现与客户、供应商的更广泛连接，企业流程由内部延伸到整个产业链，建立更全面的端到端流程，实现产业链协同，AI 加持的商业智能系统保证了管理层信息畅通，提供了更优秀的辅助决策能力，让企业做到智慧洞察和知情决策。这一切都是数字化转型的重要体现。

分辨率革命，让用户能够通过物联网对产品进行更加精确的感知和控制，这推动着产品形态、功能和效能发生革命性变化。在这场全新的数字化商业游戏中，行业最核心的部分被挑战和被彻底改造了。新兴的互联网企业正在颠覆着很多传统行业，如金融、出租车、酒店、新闻媒体等。当实体产品具备互联网功能后，这种替代效应会更加明显。

IT 成为企业的成功要素之一

数字经济时代，数据的重要资产、新生产要素——IT 成为不可或缺的手段和平台，企业要想获得可持续发展就必须同时具备卓越的创新能力、出色运营能力以及优秀的 IT 能力（如图 7-2 所示）。企业数字化转型过程中，组织架构、经营管理模式出现了很多新的特征：企业平台化、员工创客化、组织扁平化、个性化小批量定制等。这些新特征和新模式的出现，对企业的财务管理提出了新的要求：在放权的同时要维护财务稳健和股东利益，做到既能激发企业活力又能实现有效的管控。

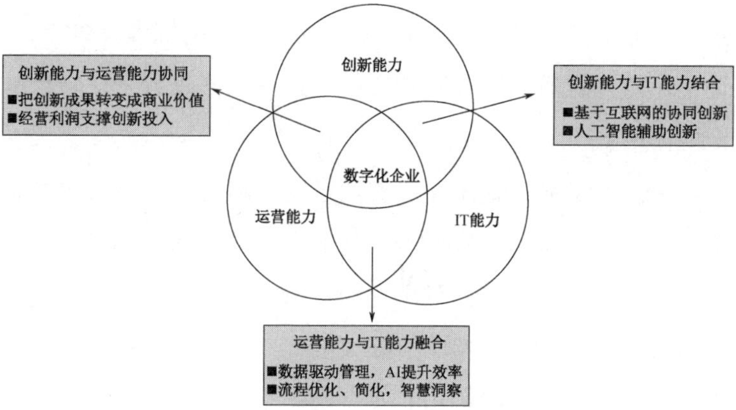

图 7-2　数字化企业的三大能力

数字化是一种新的企业文化

数字化转型是一种文化意识，自上而下、由内到外、从研发到服务、从创新到经营都需要纳入数字化转型的快车道上来。用数字化、互联网的思维方式去思考问题和处理问题，极简、扁平、生态成为数字经济时代的重要基准。

数字化转型是一项自上而下的运动，数字化领导力是一种组织级能力。企业的高管是数字化转型的发起者和引领者，要研究、推动数字化转型，而不是置身事外甚至成为绊脚石。企业数字化转型也不仅仅围绕着连接客户的部分，而是应该触碰甚至颠覆企业内部的方方面面，数字化转型也不仅仅是为了服务，从业务和产品创新开始就应该进行数字化转型。这种进程将改变客户主张、商业模式、产业结构、估值模型、企业文化、人才培养等。所以，数字化转型不是某一个人或者某一部门的事情，每个领导者都必须带领他的团队为数字化转型的实现做出应有的贡献。

数字化转型需要专业人才

企业数字化转型离不开对新 IT 技术的深度应用，但是也不是对传统员工的抛弃。因此，在数字化转型过程中，一方面需要引入或利用外部专家；另一方面，还要提升内部员工的数字化能力。

数字化人才的培养是整个社会的事情，需要政府、高校、企业协同推进。在政府层面，国家既要出台政策，引进海外高端人才，又要推动、建立和健全数字化人才的培养体系，为我国企业的数字化转型赋能，并提供人才队伍。在高校层面，则需要结合企业的实际需求，优化和调整人才培养体系，为社会输送合格的人才。在企业层面，数字化转型不是一蹴而就的，更不能仅仅依靠外脑，这就要求企业既要积极利用外部人才队伍，也要考虑现有员工的数字化赋能问题。

企业数字化转型的终极目标是实现智慧企业。智慧企业是企业信息化高度发展到一定阶段的产物，是企业在数字化转型的基础上，充分利用大数据挖掘技术、人工智能等技术，实现信息、技术、管理三者的融合，深化企业创新能力，使企业具备科学决策、风险预判等智慧的能力。

未来，智能化运营、数字化创新是智慧企业的两大核心能力，也是企业数字化转型的双主线，这两大能力相辅相成，共同演进、推动企业实现业务的快速转型（如图 7-3 所示）。其中所涉及的各个阶段并不一定是按部就班的，会出现并步走、跨步走等现象，但整体上还是循序渐进的方式。企业进化的阶段体现了智能应用的深度，解决了流动规则自动化的问题，企业会经历信息化→数字化→智能化的过程；企业能力的层次代表了数据交互的广度，解决了数据来源和共享的问题，企业会经历企业内提升→产业链延伸→跨产业平台的过程。

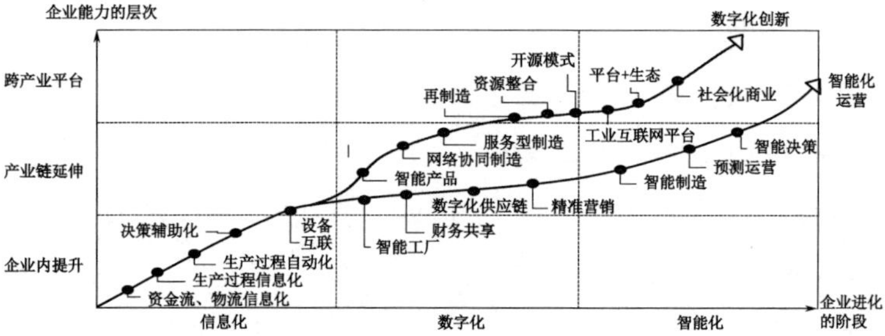

图 7-3　企业数字化转型的双主线

参考文献

[1] 李舒，阮芳，曹玉荣，宋斐，阿拉木斯，崔瀚文. 平台化组织：组织变革前沿的“前言”[R]. 2016.

[2] 王海山. 集团型组织审核的研究与实践[J]. 质量与认证, 2011(7).

[3] 吴学旭, 杨晓龙. 国内外金融控股集团风险管理模式比较及我国企业的选择[J]. 浙江金融, 2015(4).

[4] 肖鹏举. K 集团组织结构再设计[D]. 西安理工大学, 2006.

[5] 王超, 李静. 集团公司管控模式选择探析[J]. 西部财会, 2007(4).

[6] 总部对下属企业的管控模式[J]. 中国科技产业, 2005(11). http://www.cnki.com.cn/Article/CJFDTotal-KJCY200511024.htm.

[7] 兰昌宇. 湖南中烟工业有限责任公司集团管控模式研究[D]. 中南大学, 2008.

[8] 安永. 技术变革驱动共享升级[J]. 首席财务官, 2017(6).

[9] 梅宏. 软件定义一切：挑战和机遇 [Z]. 2018.

[10] 安筱鹏. 重构：数字化转型的逻辑[M]. 北京：电子工业出版社，2018.

[11] 工业互联网产业联盟. 工业互联网平台白皮书[R].2017.

[12] Best Practices for Planning a CloudInfrastructure-as-a-Service Strategy-Bimodal IT, Not Hybrid Infrastructure”[R].Gartner, 2015.